KB192130

**이 상한 나라의 치과**
근거 없는 오해와 근거 있는 불신

2014년 4월 11일 초판 1쇄

지은이 | 건강사회를 위한 치과의사회

편   집 | 김희중, 이민재
디자인 | 산들꽃꽃
제   작 | 영신사

펴낸이 | 장의덕
펴낸곳 | 도서출판 개마고원
등   록 | 1989년 9월 4일 제2-877호
주   소 | 경기도 고양시 일산동구 호수로 662 삼성라끄빌 1018호
전   화 | (031) 907-1012, 1018
팩   스 | (031) 907-1044
이메일 | webmaster@kaema.co.kr

ISBN 978-89-5769-234-9 (03300)
ⓒ 건강사회를 위한 치과의사회, 2014. Printed in Goyang, Korea

• • ○ 근거 없는 오해와 근거 있는 불신 ○ • •

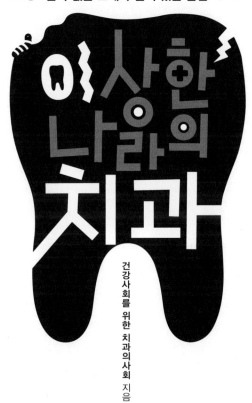

# 이상한 나라의 치과

건강사회를 위한 치과의사회 지음

개마고원

# 치과, 씹어 보고 뜯어 보고…

**1.**

'치과' 하면 무슨 생각이 드는가?

첫째, 치과는 무섭다. 치과가 무서운 데는 이유가 없다. 그냥 무서울 수밖에 없다. 심지어 치과의사조차도 치과에 가기는 싫어한다. 차가운 금속기구들이 입안을 뒤지고 드릴이 윙윙 돌면서 쉭쉭 점막을 빨아들이는 경험은 생각만 해도 진저리가 난다. 치과용 의자에 누워 가만히 입만 벌리고 있어야 하는 그 경험은 마치 외계인이 침투해서 나를 생체검사하는 기분을 느끼게끔 한다.

둘째, 치과는 비싸다. 무서운 건 어쩔 수 없다 치자. 하지만 막상 치과 문턱을 넘어서기 힘들게 하는 또 하나의 이유는 치과는 비싸다는 점이다. 그런데 치과가 비싸다는 데 무슨 대단한 이유가 있을까? 금반지가 비싸고, 자동차가 비싸듯 비싼 물건은 원래 비싸. 그렇지만 치과의사들이 하는 일에 비해 지나치게 많은 비용을 받는다면? 그럴 경우 사람들은 치과가 터무니없이 비싸며, 치과의사들이 폭리를 얻고 있다고 생각할 것이다. 그리고 사실 그것이 많은 이들이 가지고 있는 치과에 대한 막연한 인상이라는 것은 부인할 수 없다. 이 책이 살펴볼 주제 중 하나는 그런 사람들의 인식이 과연 얼마나 진실에 가깝냐다. 치과의사들이 왜 그렇게 환자분들의 입장에서 보기엔 많은 돈을 받는지 나름의 해명과 고백을 하고자 한다.

## 2.

직장인 김모 씨는 최근 잇솔질할 때마다 피가 나는 것 때문에 치과를 찾았다. 매번 가야지 하고 가지 못했던 김씨. 사실 치과에 가지 못한 이유는 무서워서이기도 하고, 또 비싼 진료비 때문이기도 하다. 하지만 방치하면 오히려 잇몸병을 키울 것 같아 눈 한번 질끈 감고 치과를 내원했다고. 검진 결과를 들은 김씨는 난감했다. 치과의사로부터 충치 3개가 보이는데 한 곳은 충치가 심해 근접 치아까지 삭제해야 함으로 인레이가 필요하고 나머지는 레진으로 때워야 한다는 소견을 받았다. 진료비는 45만 원. "많이 할인해준 금액"이라는 상담 실장의 말에 김씨는 의구심이 들어 일단 보험이 되는 스케일링만 하고 나왔다.

언론에서 보도된 어떤 환자의 경험담이다. 이 환자 말고도 많은 이들이 치과에서 이런 경험을 해봤을 것이다. 너무 비싼 금액에 놀란 당혹감과 정말 그렇게 내고 치료를 해야 하는가 하는 의구심. 왜 이렇게 치과치료비는 시간이 지나도 비싸기만 한 건지 궁금했을 것이다.

사실은 그동안 치과치료 비용이 내려가기도 했다. 그런데 왜 그렇게 느껴지지 않고 여전히 많은 돈을 내야 할까?

이해를 돕기 위해 임플란트를 예로 들어보자. 과거에 임플란트를 할 수 있는 치과가 얼마 없을 때는 임플란트 한 개 가격이 400~500만 원을 호가했다. 이후 시술 능력이 보편화되면서 250~300만 원 정도의 수준으로 떨어지다가, 요즘은 급기야 박리다매 치과가 등장해 100만 원 이하로도 임플란트를 해주기도 한다. 그런데 왜 치과치료비 부담은 가벼워지지 않을까? 답은 이미 앞에서 말했다. 박리다매. 치아 두 개를 500만 원에 심는 것과 다섯 개를 500만 원에 심는 것은 전체 치료비에는 한 푼도 차이가 없다. 그렇지만 굳이 필요 없는 임플란트를 3개나 더 하게 됐다면, 건강이라는 면에서는 큰 손해를 본 것이다.

앞의 환자의 경우도 마찬가지였다. 이 환자는 견적 내용에 불만을 품고 결국 다른 치과를 방문해 다시 진료를 받았다. 그곳에선 충치 두 개만 치료하면 된다고 했고, 충치가 깊지 않아서 값싼 재료인 아말감으로 해도 충분하다고 말했다. 그래서 1만3900원에 충치치료를 끝마쳤다. 환자는 돈을 아낀 것은 물론 필요 없는 치료를 하지 않아도 됐다.

이것이 의료라는 '상품'이 여타 상품과 다른 점 중 하나다. 값싸게 치료한다고 그저 좋은 것만은 아니며, 비싼 치료라고 다 질 좋은 치료라고 할 수 없다. 환자에게 꼭 맞는 치료가 뭔지는 의사의 양심에 기댈 수밖에 없는 문제다. 우리는 치과라는 영역에서 어떤 치료가 좋은 치료인지, 치과의사들의 고민을 이 책에 담고자 했다. 독자들이 더 행복한 치과 환자가 되기를 바라는 마음으로.


**3.**

어쨌든 우리는 모두 치과에 간다. 시간을 쪼개며 살아가야 하는 바쁜 현대인들도 이가 쑤셔오면 서둘러 치과 예약을 잡는다. 차일피일 미뤘다가는 사고로 무인도에 조난되어 스케이트 날로 생니를 뽑게 되는 경험을 해야 할지도 모르기 때문이다. 영화 〈캐스트 어웨이〉의 톰

행크스처럼.

치과는 무섭기도 하고 비싸기도 하지만 그럼에도 불구하고 가는 이유는 피할 수 없기 때문이다. 이 아픈 고통은 겪어보지 않고는 모른다. 우리가 치과치료를 유독 비싸다고 느끼는 이유도 여기에 있다. 28개의 치아를 가지고 태어난 우리 모두는 아주 큰 복을 타고 나지 않는 한 평생에 몇 번은 치아를 치료해야 한다. '꼭 필요한 일인데 가격 때문에 부담된다.' 이것이 치과가 비싸다는 말의 진짜 의미다. 필수재이긴 하지만 비싼 가격 때문에 많은 이가 감당하기 힘든 것이다. 여기서 치과치료에 대한 사회적 개입의 필요성이 생긴다.

임플란트 얘기를 좀 더 해보자. 이번 대통령은 노인에게 임플란트를 건강보험에 포함시킬 것을 공약으로 내걸고 당선되었다. 임플란트 때문에 당선되었을 리는 없겠지만, 노인환자들의 기대는 적지 않았다. 그만큼 임플란트라는 치료가 경제적 부담이 크며, 이제는 어느 정도 필수재로서 안정받았음을 증명하는 것이겠다. 물론 의료에서 무엇이 필수재고 무엇이 사치재인지 결정하는 건 어려운 문제고, 보장이 늘어나다 보면 불필요한 치료까지 늘어나는 부작용이 나타날 가능성도 있다. 그럼에도 사회적 필수재가 된다는 것은 시장이 절대 해결하지 못하는 문제, 즉 원가가 높든 낮든 환자들이 부담해야 하는 진료비는 계속 늘어만 가는 문제를 제어할 수 있는 방향으로 간다는 점에서 고

무적인 현상이라고 할 수 있나.


**4.**

우리가 알고 있는 치과는 이렇다.

'치과는 무섭다. 그러나 가지 않을 수 없다. 그런데 비싸다. 비싸서 원가를 따져보니 원가가 높아도 낮아도 우리의 주머니로 감당키엔 여전히 버거웠다.' 여기에서 뭔가 더 생각해야 할 점이 있다.

『이상한 나라의 치과』의 출발점은 여기서부터 시작된다.

믿을 수 있는, 조금이라도 저렴한 치과를 찾으러 인터넷을 수소문하고 입소문에 귀를 기울이지만, 그런 정보력만으로는 한계가 있다. 게다가 비싸다고 나쁜 치과도 아니고, 싸다고 좋은 치과도 아니다. 이유는 치과가 보건의료체계라는, 사람들의 생존을 유지하는 데 필수적인 정치경제학적 조건들과 복잡하게 얽혀 있기 때문이다. 구강건강을 지키는 건 일개 치과병원 하나의 문제를 훌쩍 넘어서는 일이다.

치통 때문에 좋은 치과의사를 만나기 위해 노력하는 일은 잠시 결실을 맺을 수도 있다. 이 책은 그런 지름길을 무시하지 않는다. 하지만 그런 다행은 지속되기 쉽지 않다. 또한 나만의 고통이 아니라 우리 모두의 고통을 해결하기 위한 노력은 그런 지름길 아이템 몇 가지로는 얻어지지 않는다. 치과의 문턱을 다행히 넘어선 당신이, 아직 넘어서지 못하고 쩔쩔매고 있는 이웃들의 고통을 어떻게 해결할 것인가 함께 고민하는 순간, 당신의 다행이 우리 모두의 다행으로, 복지라는 이름으로 현실이 될 수 있을 것이다.

이 책이 그 길의 복잡한 타래를 푸는 작은 실마리가 되길 빈다.

차례

## 1부 | 치과 사용설명서

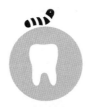

# 1부

치과
사용설명서

# 01

# 치과는 왜 이렇게
# 비싼 거예요?

## 환자의 불만,
## 치과의사의 불만

일반인들이 '치과' 하면 떠올리는 일반적인 인식 두 가지는 아마도 "치과는 무섭다"와 "치과는 비싸다!"가 아닐까? 경험상 '무섭다'의 경우는 사실 통념과 꼭 들어맞는 것 같지는 않다. 치과에 들어설 때부터 불안해하고 치과의사가 말만 걸어도 깜짝 놀랄 정도로 두려워하는 환자가 있는가 하면, 놀러오듯 편하게 치과를 드나드는 이도 볼 수 있기 때문이다. 반면 '비싸다'라는 인식은, 일부 부유층이나 치과 관계자 정도를 제외하면 대부분이 동의하는 것 같다.

치과를 찾은 환자들은 물론이고, 사석에서 만나는 사람들도 치과의사와 알게 된 뒤 조금 친해졌다 싶으면 빼놓지 않고 묻는 말이 있다.

"도대체 치과는 왜 이렇게 비싼 거예요?"

한편으로 치과의사들은 또 이렇게 불평한다. 10년 전이나 지금이나 스케일링 치료비는 제자리걸음이고, 임플란트 치료가 폭발적으로 증가하는 바람에 틀니를 하는 환자 수도 많이 줄어든 데다 치료비도 거의 오르지 않은 (혹은 올리지 못한) 곳이 대부분이다. 임플란트 가격 역시 10년 전과 비교하면 절반 이하로 떨어졌건만 병원 임대료나 직원들 급여는 해마다 무섭게 오른다. 종일 환자들 입안에 고개를 처박고 있느라 목디스크나 허리병 없는 치과의사를 찾기 힘들 지경인데도 개업 때 낸 수억의 빚은 쉽게 줄지 않는다. 그런데도 환자들은 치료비가 왜 이리 비싸냐며 불평하고, 심지어 사기꾼 아닌가 하는 의심의 눈초리로 치과의사들을 훑어본다고 고충을 토로한다.

치과의사라면 누구나 동료들의 이런 어려움과 자괴감을 충분히 이해하겠지만, 한편으로 환자 입장에서 생각해보면 여전히 '치과치료는 비싸다'는 불만에 십분 동의할 수밖에 없다. 그럼, 대체 치과는 왜 이렇게 비싼 걸까?

## + 감기 진료는 60초, 충치 치료는 6시간

치과치료가 비싼 첫번째 이유를 들자면 치과의 특성상 노동·기술 집약적인 장시간의 치료가 많다는 점이다.

일례로 어금니에 충치가 심해 신경치료를 한 뒤 치아 색상의 도자기 재료로 이를 씌운다고 하자. 큰어금니 하나에 보통 서너 개의 신경가지가 존재하는데, 염증이 생긴 신경을 제거한 자리에 대체 약제를 채워 넣는 신경치료를 3~5차례 정도 진행한 다음 충치가 있던 부위를 단단한 재료로 메꾼다. 여기까지는 건강보험 적용 부분이라 환자는 5~10만 원 정도만 부담하면 된다. 문제는 그 다음이다. 치아 색상의 도자기 재료로 씌우는 치료를 2~4차례 정도 해야 하는데 이는 비보험 치료라 대개 30~40만 원 정도가 든다. 결국 신경치료에다 이를 씌우는 비용을 더하면 대략 40~45만 원 정도가 드는 셈이다.(물론 이를 씌우는 재료나 치아 상태에 따라 얼마간 더 들거나, 덜 들 수 있다.)

사실 충치 하나 치료하는 데 드는 비용이 40여만 원이라면 그 내역이 어떻든 한 달에 100~200만 원 벌기가 힘들고 여윳돈 몇십만 원을 쥐려고 몇 달을 아껴 살아야 하는 이들에게 상당히 부담스러울 수밖에 없다.

하지만 큰어금니 신경치료는 여기저기 막히고 휘어지고 갈라진 미세한 신경가지를 꼼꼼히 찾아 넓히고 소독한 뒤 약제를 정확히 채워 넣어야 하는, 치과에서 가장 예민하고 어려운 치료 중 하나다. 단순히 신경치료 시간만 해도 1시간은 쉽게 넘어간다. 의사가 직접 달라붙어 치료하는 시간만 이 정도고, 환자가 치과 의자에 앉아 마취하고 대기하는 시간, 엑스레이 찍고 기다리는 시간, 치료 후 정리시간 등을 합하면 2~3시간은 금방이다. 그나마 여기서 끝이라면 그러려니 하겠지만 신경치료 후에 단단한 재료로 충치 부위를 메꾸는 치료, 치아를 적절한 형태로 깎아낸 다음 임시치아를 만드는 치료, 기공소에서 제작한 인공치아를 입안에서 맞춰보고 조정해 붙이는 과정까지 감안하면 충치 환자와 담당 의사는 신경치료 후에도 최소 2~3시간, 길게는 4~5시간을 치료에 더 매달려 있어야 한다. 환자들이 흔히 하는 표현을 빌리자면, 조금 독한 감기나 별반 다를 것 없어 보이는 충치 하나 고치자고 병원에 많게는 8~9번 이상 가야 하고 치료시간도 5~6시간씩 할애해야 하는 것이다.

사람들이 수시로 찾는 내과나 소아과나 이비인후과의 경우와 견줘보자. 그 병원들에서 의사가 진찰하고 처방하는 데 드는 시간은 대개 1분 내외, 길어도 5분을 넘는 경우가 드물다. 의사 앞에 앉아 증상을 말하면 청진기 한 번 대보고 혈압 한 번 재고는 간단히 처방하는 것이 끝이 아닌가. 치과처럼 의사가 환자 입안에 고개를 처박고 몇십 분 동안 영점 몇 밀리미터를 이렇게 할까 저렇게 할까 고민하면서 정밀한 치료를 시행하지는 않는다. 그럼에도 불구하고 몇 분 진찰과 상담에 드는 5000원은 싼 것이고, 7~8번씩 내원해 4~5시간 치료받는 데 내는 40여만 원은 비싸다고 단정할 수 있을까?(내과나 소아과에서 5분 정도 진료하고 5000원을 받는다고 하자. 단순 계산으로 5시간, 즉 300분이면 30만 원을 내야 한다.)

가끔씩 환자들은 이런 말도 한다. 충치 하나 고치는 데 뭐 그리 오래 걸리고 힘드냐고. 그러게나 말이다. 치과의사도 손쉽게 후딱 치료하고 싶다. 정말 그랬으면 좋겠다. 그러나 항시 수많은 세균이 득시글거리고, 세계에서 가장 질기고 단단하고 자극적인 음식을 즐기는 대한민국 환자들의 입안 환경에 맞서 치아를 최대한 오랫동안 예쁘게 살아남

게 하자니 그만큼의 시간과 노력을 들일 수밖에 없는 것을 어찌 하겠는가?

치아 하나 치료하는 데 드는 40여 만 원을 결코 적다고 할 수 없고, 더구나 충치의 특성상 여기저기 동시에 생기는 경우가 많다 보니 전체 치료비는 수백만 원을 훌쩍 넘기기도 한다. 그 비용 대부분이 환자의 부담이라는 사실은 정말 문제이며, 그저 돈이 부족해 치료를 포기하는 환자들도 부지기수다. 그런 모습을 현장에서 늘 접하는 의사로서도 안타깝고 화가 치밀기는 마찬가지다. 그러나 치과 치료비가 비싼 것이 의사들이 폭리를 취해서 그런 것마냥 인식되는 것은 정말 지나친 오해다.

물론, 일부 치과나 의사들이 고가의 치료만 강권하거나 과잉치료를 유도하여 치료비 인플레에 일조하는 경우도 분명 있다. 그렇지만 재료비나 기공료만 가지고 치과 진료비의 원가 운운하며 장시간의 진료 노동에 매달려 있는 대부분의 치과의사를 탐욕덩어리로 매도하는 것은 진료비 부담 해결에 별 도움이 되지 못한다. 정말로 치과의사들이 폭리를 취하고 있다면 해마다 700~800개씩 병원이 문을 닫는 일이 왜 벌어지겠는가?(2010~2012년 3년간 3444곳이 개원했고 2321곳이 폐원을 해 연평균 773개소의 치과의원이 문을 닫았다.) 그리고 이렇게 치과 간 경쟁이 치열한 지금 상황에서 가격을 확 낮추면 환자가 크게 늘어 경영에 도움이 될 텐데, 문을 닫을지언정 치료비를 크게 내리지 못하는 까닭이 무엇일까? 정녕 치과의사들이 경영에 무지한 바보들이거

나, 망하면 망했지 눈앞의 폭리는 포기 못하겠다는 고집불통들이어서
일까?

## ✚ 28개의 치아
### ― 건강할 땐 다다익선, 아플 땐 과유불급

다소 엉뚱한 이야기로 들릴지도 모르겠지만, 치과가 비싼 또 다른
이유 중 하나는 사람의 치아가 너무 많기 때문이다. 어릴 때 나는 젖
니가 보통 20개이고, 6세 정도부터 나기 시작하는 영구치는 정상적인
경우 모두 합쳐 28개에 이른다. 치아 하나하나에 나름대로의 기능과
역할이 있고, 대개는 하나라도 자연치를 더 보존하는 것이 건강에 이
롭다. 문제는 앞서 얘기한 것처럼 치아 하나 치료에도 많은 시간과 노
력과 비용이 드는데, 가장 흔한 질환인 충치나 잇몸병은 대개 동시다
발적으로 발생한다는 점이다. 그러니 치료비도 구르는 눈덩이처럼 커
질 수밖에 없다. 치료 비용을 환자의 머릿수로 계산하는 인두제 방식
이라면 모를까, 치아 한 개당 어떤 치료 얼마 어떤 치료 얼마 하는 지
금 방식에서는 잠재적 치료 대상인 치아가 30여 개에 이른다는 사실
자체가 큰 부담이 될 수 있는 것이다.

황당한 가정이지만 사람의 치아가 위아래 10개 정도였다면, 아마 치
료비가 비싸다는 인식도 없지 않았을까 하는 상상을 해본다. 그렇다
면 치료해야 할 치아도 당연히 더 적을 것이니 말이다. 이런 문제의식
을 현실에 반영해 의료복지 분야 일각에서 거론되듯, 진료비 산정 체

계를 치료 행위를 기준으로 삼는 현재의 행위별수가제에서 인두제 방식으로 바꾸는 방법도 생각해볼 수 있겠다. 뒤에서 본격적으로 다루겠지만, 인두제는 아동·청소년 치과주치의제도를 제대로 도입한다는 전제 아래 해당 연령대에서는 충분히 실현 가능한 정책이기도 하다.

## ✚ 건강보험
### – 환자에겐 너무 먼, 의사에겐 너무한

앞서 언급한 치과치료나 치아 구조의 특성은 치료비가 비쌀 수밖에 없는 이유를 나름대로 설명해준다. 그러나 비싼 치료비 구조의 가장 큰 책임자는 따로 있다. 국민건강보험이다. 사실 '치과는 비싸다'라는 인식은 불합리한 건강보험 보장성에서 비롯된다고 봐도 과언이 아니다.

병원에서 받는 모든 치료는 건강보험 적용이 되는 치료와 그렇지 않은 것으로 나눌 수 있다. 미용이나 성형을 위한 치료는 원칙적으로 건강보험 적용 대상이 아니다. 이는 수긍할 만하다. 문제는 건강을 위해 꼭 필요한 치료인데도 재정을 핑계로 보험 적용이 안 되는 치료가 너무 많다는 사실이다. 충치가 생겨 신경치료를 받거나, 잇몸이 안 좋아 스케일링과 잇몸치료를 받거나, 크게 상한 치아를 뽑거나 하는 치료들은 건강보험 적용이 된다. 그런데 상한 이를 씌우거나, 충치를 금이나 치아색 재료로 때우거나, 이를 뽑은 후 새로 임플란트나 브릿지를 심는 경우는 보험 혜택을 받을 수 없다. 이를 씌우거나 새로 해 넣는 일은 필수적이지 않아서 그런 것일까? 그렇지 않다. 당연히 그것들도 꼭 필요한 치료과정이다. 충치를 치료한 후 씌우거나 때우지 않으면 절반만 치료한 거라 할 수 있다. 단지 가뜩이나 넉넉잖은 건보 재정에서 필요한 치료마다 돈을 대자니 보험료를 훨씬 더 걷어야 하는데, 이게 만만찮기 때문이다.

전체 의료비 중에서 건강보험공단이 부담하는 금액의 비중을 '건강보험 보장률'이라고 한다. 전체 질병에 대한 건강보험 보장률은 60~65% 수준인 데 비해 치과분야의 건강보험 보장률은 그 절반인 30%대다. 복지가 잘 이루어지는 선진국의 공보험 보장률이 80~90%를 넘는 것과 비교하면 한국은 의료비의 개인 부담이 상당히 무거운 편이고, 그중에서도 치과 쪽 상황이 가장 심각한 셈이다. 일단 환자가 100% 부담해야 하는 치료가 태반이기 때문에 치과가 비싸다고 느끼게 되는 것이다.

그럼, 왜 유독 치과분야는 보험 대상 치료가 적고, 그 범위의 확대도 더딘 것일까?

뿌리를 찾자면 한국에서 건강보험제도가 도입되던 시점까지 거슬러 올라간다. 당시 사회적인 논의와 합의를 거쳐 기초에서부터 차근차근 건강보험제도를 확립한 것이 아니라, 독재정권이 국민의 불만을 무마하기 위해 제도를 급조한 측면이 있었던 탓이다. 당연히 재정이 열악할 수밖에 없었고, 이 때문에 상대적으로 사람 목숨이 달린 문제에선 다소 떨어져 있는 치과분야가 소외된 게 사실이다. 또한 나라 밖으로 눈을 돌려봐도 필수적 치과치료 전부를 보험 처리해주는 국가는 사실 찾아보기 힘들다. 상당한 수준에 이른 복지국가에서도 연령이나 소득, 치료 정도에 따라 선별 지원을 하는 경우가 대부분인데 이는 그만큼 치과치료의 보험 문제가 간단치 않음을 보여준다. 무턱대고 보험을 적용하면 뜻하지 않게 과잉치료를 부추길 수 있다는 우려도 있다.

한편, 보험 확대와 관련해선 의사 입장에서도 덧붙이고 싶은 말이 있다. 앞서 치료비에 대한 동료의사들의 불만을 소개하며 문 닫는 치과가 1년에 수백 개라고 이야기할 때, 환자 입장에서 그 무슨 배부른 소리냐 하고 생각한 독자도 있을 것이다. 치과의사는 치료비가 너무 낮다고 생각하는데 환자는 비싸다고 생각하는 모순이 존재하는 것이다. 이 모순은 현재 건강보험 대상 리스트에 올라 있는 치과 치료비(진료수가)가 실비에도, 일반 의과에 견줘서도 턱없이 낮게 매겨져 있기 때문에 발생한다. 까놓고 말해 건강보험에서 지급해주는 돈이 너무 적어서 보험 치료만으로는 치과 운영이 불가능할 정도다.(이 문제와 관련해서는 이 책 pp.40~49, 「사랑니 발치를 꺼리는 병원이 많은 까닭은?」을 참고) 의사들이라고 별수가 있을까. 본전도 기대하기 힘든 보험 치료를 늘리기보다 고가의 비급여 치료를 통해 손실을 벌충하는데 관심을 뒀고, 이는 가뜩이나 부실한 보험을 더욱 허약하게 묶어두는 악순환을 낳았다. 환자에게는 가까이 하기에 너무 먼 보험이라지만 의사에게도 너무한 것이 지금의 건강보험인 셈이다.

## 무조건 생명연장?
## 문제는 삶의 질이다

구강건강이 생사의 문제로 직결되는 경우가 흔치 않다는 사실은 치과 분야에 대한 건강보험의 확대 적용을 손쉽게 막아서곤 한다. 그러나 식을 줄 모르는 '웰빙' 바람이 말해주듯, 이제는 얼마나 오래 사느냐에 못지않게 어느 정도 수준으로 삶의 질을 유지하면서 사느냐 하는 게 중요한 시대다. 그리고 그런 삶의 질과 직결된 첫 관문이 구강건강이라는 데는 누구나 쉽게 동의할 것이다. 어느 강연에서 강연자가 이런 말을 남겼다. 노년에 누릴 행복은 세 가지로, 가고픈 데로 여행 떠나고, 먹고 싶은 거 무엇이든 먹을 수 있고, 자식들이 잘 돼서 걱정 없는 것이라고. 그럴 듯한 말이다. 젊은이든 나이 든 이든, 잘 먹기 위해 또 자신 있게 웃기 위해, 치아 건강은 필수이다. 예로부터 오복五福의 하나로 건강한 치아가 꼽혔듯이, 목숨이 달린 문제는 아닐지언정 구강건강은 인간다운 삶에 필수적이다. 또 현재 봇물처럼 민간치아보험이 등장하는 걸 보면, 치과분야의 건강보험이 더 넓게 보장돼야 한다는 사회적인 공감대가 이미 마련돼 있다고 봐도 좋지 않을까.

다행인 것은 건강보험 혜택이 아주 느리게나마 확대되고 있다는 점이다. 최근 몇 년새 아이들의 충치예방처치인 실런트(충치가 잘 생기는 어금니의 깊은 골짜기 부위를 치아색으로 코팅해주는 처치—치아홈메우기)와 만 75세 이상을 대상으로 한 틀니치료에 건강보험이 적용되었고, 2014년 7월부터는 노인 임플란트도 단계적으로 보험에 포함시키겠다는 정부 발표가 있었다. 이렇듯 치과의 건강보험 보장률이 조금씩 나아지고는 있으나, 아직도 큰돈 드는 대부분의 치과치료는 보험 적용이 되지 않으니 '치과치료는 비싸다'는 사람들의 인식이 바뀌기까지는 갈 길이 한참이다.

## ✚ 진료비 '정상화' 방안

정리해보자. 모든 치과치료가 그런 것은 아니지만, 많은 치료가 숙련된 노동력과 시간과 비용이 소요될 수밖에 없는 대단히 정밀하고 까다로운 작업이다. 국가 차원의 체계적인 구강관리가 부족한 데다 쉴 틈 없는 일상을 보내는 한국인들은 충치나 잇몸질환이 심각해진 후에야 병원을 찾기 일쑤고, 그때는 이미 한꺼번에 여러 치아가 망가진 경우가 태반이다. 당연히 치료비 부담이 급격히 커질 수밖에 없는데, 이럴 때를 대비해 만들어진 사회안전망인 국민건강보험도 치과분야는 잘 보장해주지 않는다. 국가와 건강보험공단은 재정 확보를 위해 정치력을 발휘하기보다 치과의료의 공급과 소비를 민간에게만 떠넘기는 꼼수로 버텼다. 덕분에 대부분의 치료비를 제 주머니로만 감당해야 하는 환자와, 보험 치료로는 수익을 낼 길 없는 치과의사 모두 치료비가 '정상이 아니다'라는 느낌을 갖고 엉뚱하게 서로를 원망하는 관계가 되었다.

결국 치과 치료비를 정상화하는 길은 하나다. 복잡하고 까다로운 치료를 대충하면서 돈을 깎을 수도 없고, 사람들의 치아를 10개 이하로 줄일 수도 없는 한, 필수적이고 중요한 치료만이라도 건강보험이 확대 적용될 수 있도록 제도를 바꿔나가는 수밖에 없다. 그러기 위해서는 우선 수가현실화 등에 필요한 건강보험 재정을 어떻게 마련할 것인지, 또 어떤 치료가 더 급하고 어디부터 건강보험을 적용해나가는 것이 바람직한지, 인두제나 주치의제 등을 포함해 더 획기적이고 효율적인 시스템은 없는지 등등 치과 진료비의 환자부담률을 낮추는 방향으로 사려 깊은 연구와 조사를 수행하여 사회적 합의를 이끌어내야 할 것이다.

캐나다의 무상의료제도를 일구어낸 토미 더글러스는 다음과 같은 말을 남겼다.

"국민의 경제조건을 개선하는 것은 그 자체가 목적이 아니며 다른 목적을 이루기 위한 수단입니다. (…) 저는 배가 고픈 자가 영혼의 구원을 받을 수 있다고 생각한 적이 없으며, 또한 치통으로 고생하는 사람이 미美나 선善 같은 것을 생각할 여유가 있으리라 생각하지 않습니다."

반세기 전 캐나다가 이룬 성취를 오늘날 대한민국이 해내지 못할 이유가 없다. 한국 정도의 경제력 수준이라면 국민들 치과 진료비 부담 정도는 충분히 낮출 수 있다. 물론 정부나 치과의사가 알아서 치과의료 비용을 줄여주지는 않는다. 더군다나 정부가 앞장서 "의료도 산업!"이라는 구호로 의료분야의 이윤을 키워 성장동력으로 삼으려 드는 사회에서 공보험이나 공공의료를 강화해 환자들의 치과 진료비 부담을 낮추자는 주장은 철없는 '좌파'의 정신 나간 소리 정도로 매도당할지도 모른다. 실제로 의료계 일각, 의료민영화 주도 세력 일부는 공보험의 역할을 더욱 키우거나 저소득층을 위한 공공의료를 강화하자고 하면 '사회주의 의료' 하자는 거냐고 목소리 높이기도 한다. 치과 진료비 낮추는 일에도 국민의 힘이, 치과에도 정치가 필요한 까닭이다.

CHAPTER

# 02

# 저렴한 재료 vs. 안전한 재료
## 아말감 이야기

**＋**
**주머니가**
**가벼운 이웃들**

　중산층 이하 서민들이 주로 사는 지역에서 환자들이 치과의원을 찾는 데 가장 큰 장벽은 아마도 '비싸다'는 점일 것이다. 그래서 치과의사들이 보험진료의 장점을 알리려고 노력하지만, 오히려 '비싼 것이 좋다'는 통념에 부딪히는 일도 잦다.

　치과치료에서는 일반적인 병원치료와는 다른 특별한 단계를 거치게 되는데, 바로 금·아말감·레진과 같은 재료를 결정하는 과정이다. 우리가 감기치료를 위해 내과나 소아과에 가서 겨우 몇천 원의 진료비로 약을 타고 주사를 맞을 수 있는 이유는 국민건강보험에서 상당 부분의 치료비(전체의 약 70%)를 지불해주기 때문이다. 병원에서 치료받을 때 건강보험이 보장해주는 시술·약품·재료 등을 사용하는 치료를 보험치료라고 하고, 그렇지 않은 것을 비보험치료라고 한다.

치과의 경우 치아나 잇몸뼈 등을 치료하면서 인공적인 치료재료로 대체하는 것들이 많다. 모든 재료가 보험치료가 된다면 좋겠지만 그렇지는 않다. 그렇다 보니 같은 충치 치료 하나에도 어떤 재료를 선택하느냐에 따라 치료비가 수십만 원까지 큰 차이를 보이게 된다. 보험치료비는 일부 재료의 경우엔 원가에도 못 미친다는 치과의사들의 원성이 있기도 할 만큼 저렴하다.

한편 비보험치료비는 시장가격으로 결정된다. 마치 임플란트 시술 치과가 극소수였을 때 수백만 원이던 임플란트 비용이 현재는 시장경쟁에 따라 100만 원대에 형성되고 있는 것처럼. 그렇다 보니 어떤 치과의사든 의원 경영자로서 판단할 때는 좀 더 수익이 보장되는 비보험치료에 자연스레 마음이 기울 수 있다. 아무리 의료윤리를 강조한다고 하더라도 그런 구조적인 한계가 있다.

이렇게 비보험치료를 권하는 풍토가 비싼 게 좋은 거라는 통념과 만나 고가의 진료를 선호하는 경향을 낳게 된다. 개인의원을 경영하는 의사라면 누구나 종종 그런 통념에 기대어 고가의 진료로 선택이 기울도록 내버려둘까 싶은 마음을 가져봤을 것이다.

신도시의 아파트단지 상가에 자리한 어느 치과에서의 한 장면이다. 주변 아파트에서 경비로 일하시는 초로의 환자가 찾아왔다. 어금니 몇 개가 없는 데다가 남은 치아들도 충치가 심해서 신경치료(보험치료)를 하고 반드시 크라운(비보험치료)을 씌워야 하는 상태였다. 신경치료만 한 채 그냥 두면 너무 잘 부러져서 결국 이를 뽑아야 하는 상황이 되기 쉽기 때문이다. 환자의 표정에는 부담과 근심이 역력했다. 결국 치과원장은 매우 조심스럽게 관리를 해야 한다며 신신당부하고, 나중에라도 크라운 치료를 하도록 권하면서 일단 모든 치료를 보험 치료로 진행했다.

그 후 아파트 경비일을 하시는 분, 청소하시는 분, 빌딩 관리소장님들의 내원이 줄을 이었다. 당연히 보험치료도 늘었고, 따라서 부러질까봐 조마조마한 치아들도 늘어났지만, 환자들은 일단 치료의 기회를 얻은 것에 더 만족해하는 눈치였다. 신도시 중산층들만 사는 듯이 보였던 아파트 단지에도 치료비가 부담스러워 치과 문턱 넘기를 주저하는 환자들은 차고 넘쳤다.

## ✚ 방송을 보면 더 헷갈리는 아말감의 진실

충치치료의 대표적인 치료재료는 금·아말감·레진 등이다. 아말감은 보험치료재이고, 금과 레진은 비보험치료재이다.

환자가 치료비로 크게 고민하지 않고 무엇이든 선택할 수 있는 입장이라면, 당연히 수은이 들어 있다는 아말감에 대해 꺼려 하기 십상이다. 설명을 듣고 수긍되면 치료에 응할 것이고, 그래도 '수은'이라는 성분이 여전히 미심쩍은 환자는 훨씬 비싸더라도 비보험치료를 선택하면 그만이다. 하지만 수은을 무서워하는 것은 주머니가 두둑한지 가벼운지와는 상관없는 일 아니겠는가.

## "아말감은 없는데요"
# 돈 되는 치료만 하는 치과

**창원지역 치과 30곳 문의하자 절반이 보험 안되는 재료 권유**

**보험 되는 아말감 등 충전재 아예 취급조차 안하는 병원도**

**치과 "색 검어 흉하고 잘 떨어져" 환자 "선택권 뺏고 잇속만 챙겨"**

창원지역 치과가 충치 치료 후 이를 메우는 재료인 충전재에 대해 충분히 설명하지 않아 환자의 의료선택권을 빼앗는다는 지적이 나오고 있다.

21일 기자가 창원지역 30개 치과에 충전재 가격을 문의한 결과, 정확한 가격은 이 상태를 보고 치료를 마쳐야 알 수 있다면서도 15개 치과가 레진을 가장 먼저 언급했다. 가격은 8만 원에서 12만 원대, 급이나 사기로 할 경우 가격이 30만 원대였다. 이 중 11곳은 먼저 물어보기 전에는 보험적용이 되는 재료에 대해서 말해주지 않았다.

건강보험심사평가원에 따르면 치아보충재 중 보험이 되는 것은 아말감과 글래스아이오노머(자

가중합형) 두 가지다. 가격은 보통 이 하나당 1만 원 내외. 창원지역 치과에서 환자들에게 권유하는 충전재의 8분의 1 내지 30분의 1 가격으로 충분히 치료를 할 수 있다.

그러나 현실은 보험이 되는 충전재를 치과에서 충분히 설명해주지 않고 있다.

한 병원은 아말감에 대해 "이제 웬만한 병원에서는 쓰지 않는다"고 했고, 또 다른 병원은 "색도 검은 데다 이에서 잘 떨어지기 때문에 거의 사용하지 않는다"고 말하며 보험이 되지 않는 충전재를 권했다. 아말감 이외에 글래스아이오노머가 보험이 적용되는 재료라는 걸 모르는 병원도 있었다.

A(43·창원시 성산구 반송동)씨는 "원래 간 치과가 아말감을 쓰지 않아 집 근처 다른 치과 2곳을 방문하고 4곳에 전화를 걸어 문의했지만 보험이 안 된다고 해 비용 때문에 아직 충치 치료를 못하고 있다"며 "의사 소견이 중요하고 요즘 사람들이 치아색 충전재를 선호하지만 돈이 없는 사람들은 일단 보험이 되는 것으로 치료를 하고 싶어 한다"고 말했다.

또 그는 "초기 치료의 문턱이 높

아 나중에는 비싼 임플란트를 해야 하는 상태까지 가는 사람도 봤다"며 "건강보험료를 내고 치료를 받을 환자의 권리를 원천 차단하는 것이다"고 지적했다.

건강한 사회를 위한 치과의사회 김용진 구강보건정책연구회 회장은 "아말감이 수은중독 위험이 있다는 것은 과대포장된 이야기로, 이미 충전된 아말감은 위험이 거의 없으며, 적절하게 충전된 아말감은 다른 재료보다 잘 탈락하지 않는다"며 "보험 설명을 하지 않는 것은 비윤리적 진료 행위이기 때문에 환자에게 충분히 설명한 다음 적절한 치료를 선택할 수 있도록 도와야 한다"고 밝혔다.

이실기 기자

아말감 사용을 기피하는 치과 때문에 환자들이 굳이 필요 없는 비싼 치료를 받게 되곤 한다.(『경남신문』, 2013년 8월 22일)

더구나 건강에 대한 뉴스가 넘치는 요즘, 방송에서 다루는 이른바 '아말감의 진실'은 환자들을 더욱 혼란스럽게 한다. 치과의 숨겨진 비밀인 양 수은의 독성과 치과의 아말감을 연관시키는 기사가 몇 년에 한 번씩 유행처럼 방송을 타는가 하면, 한편에서는 수가가 적은 보험 치료라는 이유로 아말감을 기피하는 치과들을 고발하는 기사가 방송을 타기도 한다. 도대체 아말감을 쓰는 치과가 잘못하는 것인가, 안

쓰는 치과가 잘못하는 것인가. 아말삼은 과연 안전한 것인가?

답부터 말하면 아말감은 안전하다. 치아의 상한 부분을 메우는 충전재로 사용하는 데 아무 문제가 없다. 다만 치과에서 일하는 종사자들(치과의사, 치과위생사, 조무사 등)은 아말감을 다룰 때 반드시 주의사항을 잘 지켜야 한다. 이에 소홀할 경우, 치과 종사자들이 수은의 위험에 노출될 수 있는 것은 사실이다. 따라서 그런 이유로 아말감을 취급하지 않는 치과라면, 이에 대해 환자에게 정확히 설명할 필요가 있다. 그러나 아말감 취급자들이 위험할 수 있다는 것을 핑계 삼아 환자가 보험치료를 받을 권리를 막아서는 안 될 일이다.

생각해보자. 10만 원을 넘나드는 레진이나 20~30만 원에 이르는 금 인레이는 부담스러워서 아말감으로 아이의 충치를 치료하기로 마음먹은 보호자가 돈이 없어서 위험하기 짝이 없는 치과치료를 받았다는 소리를 듣는다면 그 마음이 어떻겠는가.

실제로 일부 치과에서 아말감으로 수은 중독이 의심스럽다며 해독제를 권유한 사례가 있어, 보건복지부는 이에 대해 국민건강보험법의 '요양급여를 거부하는 행위'로 보고 강력한 조치를 취하겠다고 밝힌 바 있다.

## ✚ 아말감을 포기한다면 다른 재료는 안전한가

아말감이 안전하지 않다고 주장하는 데는 크게 두 가지 입장이 있다.

첫째, 수은과 같은 건강에 위해한 중금속 물질의 사용을 모든 곳에서 가급적 줄여나가도록 해야 한다는 환경적 측면을 강조한 주장이다.

인간에게 유해한 독성물질의 사용을 줄이자는 데 반대할 사람은 없다. 그래서 대표적으로 관리가 필요한 물질에 대해서는 세계보건기구 WHO에서 가이드라인을 제시하는 등 적절한 통제를 권고하며, 각국 정부는 식품안전청과 같은 국가기구를 통해 이를 관리하고 있다. (실제로 우리나라 사람들의 혈중 수은농도는 높은 편인데 대부분 음식물이 원인이다.)

그럼에도 불구하고 믿을 수 없으니 모든 수은 관련 물질을 사용하지 않도록 했다고 치자. 그래도 문제는 남는다. 아말감의 대체제로 가장 많이 사용되는 레진(치아색과 비슷한 플라스틱 재질의 혼합물질) 역시 안전성이 충분히 보장된다고 보기는 어렵기 때문이다. 실런트와 레진의 주성분 중 하나인 bis-GMA는 발암성 물질이다. 오히려 수은은 그 독성이 잘 알려져 있기 때문에 아말감에 대한 연구가 오랫동안 충분히 이뤄졌던 반면, 치과용 레진의 위험성은 아직까지 연구가 충분히 진행되었다고 보기 어렵다.

그러면 남은 것은 금 인레이뿐이다. 그러나 금 인레이도 최근 급격히 치솟은 국제 금 가격으로 인해 그 비용을 개인이든 국가든 감당하기가 만만찮다. 또한 금 인레이는 원칙적으로 아말감을 대체하는 재료라기보다는 아말감·레진 등으로는 치료가 어려운 형태(예를 들면 치아 1/3정도가 부서지거나 접근이 어려운 부위의 충치 등)의 치아에 사용

**아말감, 레진, 금의 비교**

|  | 아말감 | 레진 | 금 인레이* |
|---|---|---|---|
| 재료 | 은, 주석, 구리, 수은의 합금 | 고분자 혼합물질 | 금 |
| 장점 | 가격이 저렴.<br>압력에 강하고 잘 닳지 않음.<br>넓은 면적에 사용 가능. | 치아색과 비슷함.<br>치아를 덜 깎고 변색<br>이 잘 안 됨. | 치아에 잘 부착되고<br>부식 및 변색으로부터<br>안전함. |
| 단점 | 심미적으로 색이 예쁘지 않고,<br>변색 가능함. 치아 삭제량이<br>많음. 관리가 부주의할 경우<br>주변이 다시 썩을 수 있음. | 시술이 어려움.<br>강도가 약하고<br>마모가 될 수 있음. | 가격이 비쌈.<br>치료 과정이 길고<br>복잡함. |

* 인레이(inlay): 충치 제거 부위를 본떠 만든 수복재. 주로 금을 사용해 제작하지만 최근에는 레진이나 세라믹을 사용하기도 한다.

하는 재료로 보아야 한다. 그러므로 아말감을 쓰지 않는다면 사실상 치과용 충전재에 대한 별다른 대안 없이 안전성이 검증된 재료를 포기하는 것이라고 볼 수 있다.

　이렇듯 충치를 때우는 아말감은 안심하고 사용할 수 있는 재료다. 안타깝지만 다른 충전재는 아직 아말감만큼의 검증을 거치지 못했거나 가격이 너무 부담스러우니 말이다.

✚ 아말감 유해론의
　허구성

　둘째, 이미 과학적 검증의 과정을 수없이 거쳤음에도 불구하고 아말감이라는 재료 자체의 위해성危害性을 강조하는 주장이다.

아말감은 은·주석·구리 등의 합금가루와 액체 수은을 혼합하여 만드는데, 이때 수은은 다른 금속과 화학적으로 결합하여 안정적이기 때문에 치과용 재료로 사용해도 안전하다는 것이 과학적으로 입증되어 있다. 미국치과의사협회, 소비자연맹, 세계보건기구, 대한치과의사협회 등 수많은 기관들이 모두 아말감은 상한 치아를 이전 상태로 수복하는 데 안전하고 효과적이라고 결론짓고 있다.

아말감 부작용이라고 언급되는 증상들을 살펴보면 대개 과학적 근거가 없다. 언론과 방송 등을 통해 수은중독 검사가 보도되기도 했는데 이런 실험들도 전문가와 과학자들이 보기에는 대개 허점투성이다. 예를 들어 머리카락으로 수은중독을 검사한다는 주장이 있는데, 이에 대한 국내의 한 연구보고는 "머리카락으로 수은중독을 검사하는 경우에도 머리카락은 체외로부터 수은을 흡수할 수 있기 때문에 몸 안의 수은의 양을 정확히 반영하는 것은 아니다. 또한 머리카락의 굵기, 밀도, 모양, 표면적, 자라는 속도가 사람마다 다르기 때문에 표준화하기 어렵다는 문제도 있다"고 지적한다.

한편, 아말감의 유해성 논란에서 쉬쉬하며 잘 꺼내지 않는 이야기가 있다. 무엇보다 저렴한 재료 대신 고가의 재료를 쓴다면 분명 누군가 경제적인 이익을 보는 사람이 있지 않겠는가?

아말감이 위험하다고 주장하는 미국의 한 학회 인터넷 홈페이지를 방문해보면 공신력 있는 학회라고 보기에는 영 허술하다. 신뢰할 만

한 논문과 연구실적이 나와 있기보다는 학회 소속 치과의사를 소개한다든가 언론에 보도된 학회 뉴스를 홍보하기 바쁘고, 아말감 제거 장비를 소개하는 스폰서들의 광고가 더 눈에 띈다.

## ✚ 치과 충전재의 선택 어떻게 할까?

가족의 건강에는 좋은 것을 최우선으로 하는 우리네 어머니들의 선택도 역시 '비싼 게 좋은 것'이라는 통념에 기댄 것이다. 이때 주머니 사정이 그리 넉넉하지 못하다면 어떨까. 옆에서 금 인레이 대신 아말감의 장점을 아무리 열심히 설명해도, 당신 자식들에게 부모노릇을 제대로 못했다는 자괴감에 가슴 아파할지 모를 일이다. 사실 그런 일은 지금도 일어나고 있을 것이다.

아말감 치료, 저렴하고 안전하다. 아말감 치료를 받아야 하는 사람들은 너무 걱정하지 말자. 레진, 예쁘긴 하지만 충분히 안전한지는 더 검토해야 할 일이다. 물론 앞니를 치료할 때는 당연히 레진으로 해야한다. 이 경우엔 오히려 보험치료가 되도록 요구해야 할 일이다. 금 인레이, 이미 충분히 비싸다. 꼭 필요한 곳에만 사용하는 게 현명하다.

비싸다고 다 좋은 것이 아니다. 적절한 비용과 적절한 치료가 가장 효과적이고 좋은 치료다. 어떤 치과치료든 완전한 것은 없기 때문이다.

CHAPTER

# 03

# 사랑니 발치를 꺼리는
# 병원이 많은 까닭은?

# 치과의사가 정말 서운해하는 환자들

10년 넘게 치과의원을 운영하다 보면 고맙고 감사한 환자, 미안하고 아쉬운 환자, 기쁨과 보람을 가져다주는 환자도 많지만 가끔씩은 얄미운 환자도 없지 않다. 그런 환자들 중 하나가 사랑니 수술발치 약속을 잡고 연락도 없이 나오지 않는 환자다. 물론 불가피하게 급한 일이 생겨 못 나올 수도 있고, 사랑니 아픈 것이 약을 먹고 가라앉으면서 마음이 바뀌어 빼고 싶지 않아질 수도 있다. 그런 것이야 인지상정이니 이해할 수도 있다. 또한 병원 입장에선 사랑니 수술발치 약속이든, 임플란트 수술 약속이든, 신경치료 약속이든 약속을 지키지 않는 환자인 것은 매한가지다. 그런데도 치과의사들이 유독 사랑니 수술발치 약속을 연락도 없이 어기는 환자에게 더욱 섭섭함을 느끼는 까닭은 무엇일까?

간단하게 처리할 수 있는 정도의 사랑니 발치를 하는 치과야 어느 정도 있지만(사랑니 발치를 아예 하지 않는 치과도 많다) 아래 사랑니에서 많이 나타나는, 누워 있거나 잇몸뼈 속에 묻혀 있어서 수술해야 하는 사랑니 발치의 경우에는 종합병원의 치과 정도나 해주지 동네 치과에서는 빼주는 곳이 흔치 않다.

사랑니는 사랑할 나이쯤 되면 올라온다고 해서 그렇게 불리는데, 큰어금니 중 맨 끝에서 올라온다. 그런데 사람들이 부드러운 음식을 점점 더 많이 먹게 되자 턱뼈가 덜 발달하는 쪽으로 진화하면서 점차 작아졌고, 그에 따라 사랑니가 올라올 공간이 부족해졌다. 그래서 사랑니는 아예 올라오지 못하거나, 올라오다 말거나, 옆으로 누워 있는 경우가 많다.

사랑니는 음식물이 잘 끼고 잇솔질하기도 어려워서 잇몸 염증을 자주 일으키며 그 옆에 있는 어금니까지 상하게 만드는 경우가 많다. 그래서 대개 사랑니는 빼주는 것이 바람직한데, 대개 주위의 잇몸에 염증이 생기거나 충치가 심하게 진행돼 통증이나 붓기가 나타나고 나서야 치과를 찾는 경우가 많다. 다들 아파야 병원이 생각나는가 보다. 그런데 그쯤 되면 약으로 급성염증을 가라앉힌 다음 뽑는다 하더라도 마취가 잘 안 돼서 뺄 때 많이 힘들다. 설사 안 아프게 뽑더라도 마취가 깨고 나면 많이 아프고, 붓고, 입이 잘 안 벌어지고, 때때로 멍까지 드는 경우가 적지 않다. 사랑니 수술발치는 치과 치료 중에서 부작용이 많기로 대표적인데, 때로는 심각한 부작용도 생길 수 있다. 앞서 얘기한 정도는 아주 가벼운 후유증에 속하고, 뺀 자리가 덧나면 한 달 이상 고생하는 경우도 생긴다. 발치 부위에 세균 감염이 일어나거나 조절되지 않는 전신질환이 있었다면 심한 경우 입원해서 치료를 받아야 할 수도 있다. 심지어 발치 과정에서 사랑니 주위에 있는 감각신경이 손상되어 혀나 아랫입술 쪽의 감각을 영구적으로 잃는 경우도 있다. 가볍게 여길 수도 있지만, 사실 뼛속에 단단히 자리잡고 있는 사랑니를 뽑는 것은 생각처럼 간단한 과정이 절대 아니다. 때로는 심각하기까지 한 여러 부작용의 위험이 숨어 있는 하나의 작은 수술인 것이다. 그러니 동네 치과의사들이 사랑니 발치를 꺼려 하는 것이다.

## ✚ 어려운 사랑니 발치에 낮은 수가의 불균형

또 한 가지 측면으로 사랑니 발치의 건강보험 수가 이야기를 하지 않을 수 없다. '수가'라는 단어는 한자로는 '酬價'라고 쓰는데, '수酬'가 일하고 받는 돈을 의미하는 '보수'에서도 쓰이는 데서 알 수 있듯이 수가는 환자를 치료하고 받는 진료비를 의미한다. 그리고 '건강보험 수가'라고 하면 건강보험에서 정해준 해당 진료에 대한 진료비를 의미하는 것이다. 매년 의료공급자 대표(병원협회나 의사협회 등)와 의료소비자 대표(노총이나 소비자·시민단체 등), 그리고 정부측 대표가 모여 협상을 통해 그 이듬해 수가와 건강보험료 등을 결정한다. 보통 건강보험 수가의 70% 정도를 건강보험공단이 부담하고 나머지 30% 정도

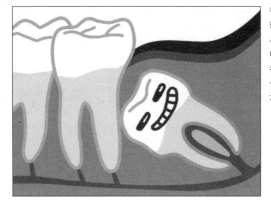

위로 올라오지 못하고 잇몸뼈 속에 묻혀 있는 사랑니. 치과의사 입장에서 사랑니 발치는 품은 많이 드는데 보상은 적기 때문에 꺼리는 경우가 많다. 물론 찾아온 환자를 성실히 치료하는 것이 의사의 의무이지만, 현실적인 어려움이 존재한다.

를 환자 개인이 부담하게 된다. 문제는 건강보험 자체가 애초에 사회적 논의와 합의를 거쳐 시작된 것이 아니다 보니, 건강보험 수가의 많은 부분이 실비보다 과도하게 낮게 책정된 상태에서 시행되었다는 사실이다.

성인 환자가 아래 사랑니가 아파서 치과에 내원해 전체 엑스레이(일명 파노라마)를 찍고, 실제로는 매우 드문 경우지만 내원한 날 바로 수술발치로 이를 뽑고 약을 처방받았다고 해보자. 이 환자는 얼마를 내고, 치과는 얼마큼의 수입을 얻을까?

2013년 기준으로 이 경우 대략 10만 원의 진료비가 나오고 이 중에 7만 원은 건강보험공단에서 부담하고, 3만 원은 환자의 본인부담금이 된다. 환자 입장에서야 사랑니 하나 뽑는 데 10만 원이면 많이 받는 것 아닌가 하는 생각이 들 수도 있겠지만, 치과 입장에선 그렇지 않다. 스케일링은 치과의사가 맡는 경우가 거의 없으면서도 6만 원 안팎을 받고, 치아색 재료(레진이나 세라믹 등)로 충치 하나 치료하는 것도 보통 10~15만 원 정도를 받는다. 그런데 사랑니 수술발치는 시간도 꽤 걸리고 난이도도 제법 높은데다 수술 후의 다양한 부작용과 위험성을 감수해야 하는 치료임에도 치료비가 10만 원 정도다. 치과의 경영에는 별 도움이 안 되면서 리스크만 큰 치료인 셈이다.

사랑니 수술발치를 하는 치과의원이 있다면 그 원장은 대부분 병원의 수입을 위해 사랑니 발치를 하는 것이 아니라 자신의 병원에 아파서 찾아오는 환자들에게 최소한의 의무라는 생각으로 하고 있는 것이다. 요즈음 대학병원에서 사랑니를 뽑으려면 적어도 몇 달 이상 기다려야 하는 것이 보통이다. 그래서 다른 진료 약속을 잡지 않고 사랑니 수술발치 시간을 비워둔 것인데, 환자가 연락도 없이 안 온다면 특히나 서운한 생각이 들 수밖에 없는 것이다.

## ✚ 보험치료만 하고도 운영되는 치과가 있을까?

낮은 수가의 문제가 치과에만 있는 것은 아니다. 2000년 한국 사회를 떠들썩하게 했던 의약분업과 의사파업을 떠올려보자. 의사들이 의약분업의 취지 자체를 반대한 것은 아니었다. 그보다는 저평가된 건강보험 수가는 조정하지 않으면서 의사들의 주된 수입원이었던 약 판매를 못하게 하는 데 대해 집단적으로 반발한 측면이 크다. 결국 정부에서 기존의 건강보험 수가를 대폭 인상해주는 것으로 의약분업 파동은 일단락되었다. 물론 국민 입장에서는 이미 많은 기득권을 누리고 있는 의사들이 자기 이득이 줄어든다는 이유만으로 국민건강에 더 바람직한 의약분업을 아픈 환자들에 대한 진료까지 거부하면서 반대한다는 사실에 크나큰 분노를 느낄 수밖에 없었다. 그러나 기존의 건강보험 수가가 어쨌든 지나치게 저평가되어 있었다는 점만큼은 정도의 차이는 있을지언정 대부분이 동의하는 문제였다.

치과의 경우에는 의약분업의 파동 때에는 한발 떨어져 있는 입장이었으나, 낮은 수가의 문제는 똑같이 겪고 있다. 게다가 건강보험 적용 분야가 의과에 비해 더욱 적어서 보험치료만으로는 도저히 치과를 운영해가기 어렵다. 치과의사들이 낮은 수가의 건강보험 치료를 기피하거나 보험이 적용되지 않는 치료만을 유도하는 것도 분명 문제가 있지만, 보험치료 위주로만 진료하고 싶어도 그럴 수 없게 만드는 건강보험 저수가의 문제도 분명히 해결되어야 한다.

고백하건대 치과의사들이 건강보험 수가 정상화를 위해 노력하기보다는 임플란트니 라미네이트니 하는 비보험 진료를 더 많이 함으로써 건강보험 진료의 적자분을 벌충해온 것도 사실이다. 따라서 비보험 진료에서 이미 큰 수입을 얻고 있는 의사들이 수가를 올려준다고 알아서 진료비를 낮추지는 않을 거 아니냐고 생각할 수도 있겠다. 맞다. 건강보험 수가가 어느 정도 오른다고 의사들이 자진해서 비보험 진료비를 낮추지는 않을 것이다. 그러니 건강보험 항목을 대부분의 필수적인 치료가 다 포함될 만큼 대폭 넓히고, 별도의 비보험 진료비 규제 방안을 고민해야 할 것이다. 어쨌든 건강보험 적용 진료만 하는 치과는 망할 수밖에 없는 수가구조가 반드시 개선되어야만 치과에서 건강보험이 비로소 제 역할을 할 수 있다.

## + 건강보험
## 정상화의 길

그렇다면 신경치료나 사랑니 발치처럼 저평가된 건강보험 수가를 어떻게 정상화할 것인가? 치과의사들이 원가에도 못 미친다고 하니 2배, 3배로 올려주면 될까? 얼마나, 어떤 방식으로, 무엇을 기준으로 올려야 하며, 실제로 그것이 가능한 일일까?

이는 결코 간단한 문제가 아니다. 건강보험 진료수가가 낮게 책정되어 있는 항목은 치과든 의과든 한의과든 널려 있다. 우는 아이 달래는 식으로 국민들이 불편해하니까, 이 과는 의사들이 너무 없으니까 하는 등의 이유가 생길 때마다 그때그때 수가를 올려주는 것이 바람직한 방식일까? 2009년 흉부외과와 외과의 수가를 올려준 것은 전공의를 확보하기 어렵다는 게 가장 큰 이유였다. 수가를 보상해주는 방식이 이른바 '원가' 기준이라지만, 이처럼 어떻게 보면 원칙없이 대증치료 하듯 수가를 조정해주기도 한다. 그러는 가운데 진료수가와 건강보험 진료비 총액 등을 둘러싼 정부와 의사 간의 갈등, 의사 내부의 갈등은 점점 곪아가고 있다.

진료비를 어떻게 보상해줄 것인가 하는 문제와 관련해 우리나라처럼 진료 행위별로 가격을 매겨서 보상해주는 행위별수가제 외에도, 최근 부분적으로 도입되고 있지만 의사들의 많은 반발을 불러오고 있는 포괄수가제(같은 질병에 대해 진료 내용과 상관없이 평균 진료비를 지급하는 방식)나 총액계약제(의료인 단체와 진료비 총액을 계약하고 그 배분도 단체에 맡기는 방식) 등의 방안이 거론되고 있다. 포괄수가제는 과잉진료를 막을 수 있지만 거꾸로 과소진료를 유발할 위험이 있고, 총액계약제는 급증하는 의료비를 효과적으로 통제할 수 있는 강력한 수단이지만 우리나라 치과처럼 보험이 적용되는 치료가 많이 부족한 분야에서는 오히려 보험 적용을 늘리는 데 장애로 작용할 수도 있다. 그 밖에 의사마다 일정 지역을 할당해 그 환자들에 대한 일상적인 관리·치료·예방을 모두 맡기고 진료 내용에 상관없이 환자 수에 따라 진료비를 정액으로 지급하는 인두제나, 아예 정부에서 대부분의 의사들을 고용하여 진료 내용에 상관없이 의사들에게 일정액의 월급만 지급하는 월급제도 있다. 인두제나 월급제는 둘 다 과잉진료를 막고 치료보다 관리나 예방에 치중할 수 있게 한다는 점에서 효과적이지만 역시 과소진료를 유발할 위험이 있다. 또 월급제는 정부가 공공의료에 크게 투자하지 않으면 실현되기 어렵다.

어떠한 제도도 완벽할 수는 없다. 중요한 것은 많은 제도의 장단점을 비교·연구·토론하며 우리에게 맞는 제도로 가기 위한 로드맵을 만들어내고, 조금씩이라도 개선해나가는 것이다. 그러는 가운데 근본적인 원칙과 사회적인 합의점을 만들어나가는 것이 중요하다. 적어도 환자들에게 꼭 필요한 치료들은 보험 적용이 될 수 있어야 하고, 의사들은 보험치료만 해도 최소한 병원을 유지할 수는 있어야 한다. 그리고 그렇게 건강보험의 역할을 키우기 위해서는 전반적인 건강보험료의 인상과 더불어 어떤 형태와 방식으로 건강보험 체계를 좀 더 합리적이고 효율적으로 바꿀 것인가도 함께 논의해야 할 것이다. 한 가지만 예를 들자면, 현재 5:5인 노동자와 기업의 건강보험료 분담 비율을 4:6으로만 바꿔도 국민들의 부담을 최소화하면서 건강보험 재정을 확충해갈 수 있을 것이다. 물론 기업의 반발이 적지 않겠지만 실제로 사회보험료를 기업이 더 많이 부담하는 나라는 많고, 저임금 노동자의 건강보험료를 기업이 전액 부담하는 나라도 있다. 문제는 기업의 사회적 책임을 높이고 이를 강제해낼 수 있는 깨어 있는 국민들의 노력과 실천 여부일 것이다.

가장 어려운 매복埋伏 사랑니 수술발치의 경우, 수가가 5만890원에서 2013년 7월부터 5만5820원으로 4930원 인상되었다. 사랑니 발치를 수가 문제로 일반 치과에서 기피하는 일이 너무 많아 정부에서 특별히(?) 10% 가까이 인상해준 것이다. 그나마 반가운 소식이지만, 치과의사 입장에서는 아직도 가야 할 길이 너무 멀어 보인다.

# 04

# 치과 견적의
# 불편한 진실

# 의사의 소견과
# 환자의 사정 사이

### OOO환자 어머니 일기

초등학교 때는 치료도 잘 받고 검진도 열심히 다닌 것 같은데, 중학교 3년 동안 학원이다 과외다 바빴던 아이가 갑자기 이가 시리다고 했다. 온 가족이 다니던 상가 치과에 데려갔더니 충치가 많더란다. 앞니 충치는 치아색깔로 때우는 레진 치료, 어금니 충치는 너무 커져서 금 인레이를 해야 했고, 여러 개의 작은 충치들은 아말감으로 치료받기로 했다. 3년 만에 이렇게 많이 썩을 수가 있느냐고 묻자 원장님은 최대한 치아를 아껴서 치료해 보겠다고 했다.

문제는 치료가 끝나고 나서였다. 금 인레이 치료가 처음엔 시릴 수 있다고 했지만 물 마실 때도 잇솔질 할 때도 너무 시려 한다. 괴로워하는 아이를 보니 참을 수 없었다. 계속 지켜보기만 하면 어떻게 하느냐고 치과에 가서 따져 묻자 최대한 치아를 살리는 방향으로 가기 위해서는 어쩔 수 없는 일이지만, 만약 너무 괴롭다면 바로 신경치료를 해보자고 한다. 그동안 치료비도 들고 이제 와서 새로 치과를 수소문하기도 어려워 찜찜하지만 그냥 치료를 받기로 하고 돌아왔다. 온 가족이 다닌 치과였는데, 단골이라고 홀대를 받은 것 같아서 언짢았다.

### ㅁㅁㅁ치과원장의 일기

같은 자리에서 10년째. 그동안 우여곡절도 많았고 이제 어느 정도 임상경험도 쌓여서 안심할 즈음이면 꼭 이런 일이 벌어지곤 한다. 관리가 잘 안되는 사춘기 학생들의 입안에 생기는 충치는 겉으로 보는 것과 달리 깊게 상한 경우가 많다. 간단히 충치 부위만 제거하고 보호제로 충분히 막고 금인레이 치료를 하면 될 것 같았는데 충치 범위가 생각보다 깊고 신경에 너무 가까웠다. 그렇다고 바로 신경치료에 들어가기에는 아직 나이도 어리고, 시린 증상만 잘 견디면 나중에는 더 오래 쓸 수 있을 것 같았다. 그러나 환자와 보호자는 치료 전보다 치료 후에 더 불편해진 것을 받아들이기 어려운 모양이다. 급기야 보호자가 나를 불러내 따져 물었고, 나는 아직 기다려볼 만한 상황임에도 불구하고 신경치료에 들어가고 말았다. 환자에게도 신뢰를 잃고, 치료의 측면에서도 부끄럽다. 이런 일이 있고 나서는 시린 치아를 만들지 않기 위해, 신경을 살릴 수 있는 경우에도 그냥 신경치료로 들어가는 경우가 늘어난다. 원칙과 기준이란 참 지키기 어렵다. 괴롭다.

아무리 열심히 해도 잘 안 될 때가 있다. 환자 어머니도 치과의사도 잘못한 사람은 없지만, 아무도 행복하지 못한 결과가 되어버렸다. 학문적으로는 문제 해결을 위한 기본적인 진단·치료·평가의 원칙과 기준, 방법이 있지만 실제 임상의 다양한 증상과 경우들을 모두 해결해주지는 못한다. 아무리 훌륭한 지식과 능력을 가졌다고 하더라도 이런 경험을 피하기는 어려울 것이다.

시린 이로 인한 환자의 불만에 스트레스가 커진 치과의사라면 웬만한 충치에도 신경치료를 계획에 넣을 것이다. 더구나 시린 증상이 우려되는 경우라면 실제로 신경치료를 하게 될 가능성은 당연히 높아질 것이다. 그렇게 치료 방향이 단순명료해지면 환자에게 설명하기도 편하고, 나중에 시리다는 환자의 호소를 듣지 않아도 되니 좋기 때문이다. 단, 더 커진 치료비와 신경치료가 가지고 있는 더 큰 합병증(신경이 손상되므로 치아가 약해지고 깨지기도 쉽다)의 가능성은 그대로 환자의 부담이 된다.

이처럼 치료계획이 치과의사마다 달라지는 것을 막기는 어렵다. 거기엔 여러 가지 이유가 있을 수 있고, 치과의사마다 나름의 판단이 있을 것이다. 어쨌든 방금 예를 든 것처럼 치료 결정의 경계에서 더 치료하는 방향으로 진행시키는 치료방식을 공격적 치료라고 하고, 가급적 환자의 자연치아를 그대로 살려가는 방향의 치료방식을 보존적 치료라고 한다.

## 공격적 진료 스타일,
## 보존적 진료 스타일

초등학교 6학년 아이가 학교에서 좀더 자세한 치과검진을 받으라고 해서 학교 앞 치과에 갔다. 그곳에서는 충치가 6개라고 한다. 알았다고 하고서는 가족이 다니는 치과에 다시 갔다. 6개가 충치니 어떻게 치료해야 하느냐고 물었더니 의사는 4개라고 하면서 나머지 두 개는 실런트로 처리하자고 한다. 실런트가 뭐냐고 했더니, 치아를 거의 긁어내지 않고 쉽게 썩는 부위를 미리 메워 넣는 예방적 치료라고 한다. 썩은 치아를 실런트하자는 건지, 아니면 학교 앞 치과가 2개를 더 치료하려고 한 건지 알 수가 없다. 누굴 믿어야 하나?


보건복지부에서는 3년마다 국민구강건강실태조사라는 것을 한다. 실태조사에 참가하는 조사원들은 검사의 일관성을 위해 특별한 훈련을 받아야 한다. 같은 충치라고 하더라도 충치 수준이 어느 정도인지, 혹은 이것을 충치라고 판단해야 할지 말지의 기준에 사람마다 편차가 있기 때문에 이 차이를 최소화하기 위한 표준화 훈련을 받는 것이다.

그만큼 질병에 대한 검사와 판단은 개인에 따라 차이가 날 여지가 크다. 치과마다 충치의 개수가 달라지는 데는 이런 근본적인 이유가 있다. 하지만 그 때문만은 아니다. 예방적 치료의 중요성을 강조하는 치과의사는 작은 충치의 경우 정기적인 관찰과 불소 등을 이용하여 치아를 깎아내지 않고 치아 스스로 충치를 막아낼 수 있도록 유도

하기도 한다. 또 똑같이 예방적 치료를 중시해도, 작은 충치라도 바로 긁어내고 아말감이나 레진 같은 재료로 간단히 때우는 치료를 하는 경우도 있다. 그런데 이 두 가지를 벗어나 금 인레이와 같은 삭제량 (원래 치아를 긁어내거나 깎아내는 정도)이 크고 비용이 많이 드는 치료를 권하는 경우가 있다. 만약 실런트를 할지 말지 고민해야 할 치아에 금 인레이를 해야 한다고 권했다면 과잉진료를 의심할 수 있다. 전자에 가까울수록 보존적 진료 스타일이라고 할 수 있고, 후자에 가까울수록 공격적 진료 스타일이라고 할 수 있겠다. 물론 과잉진료는 해서는 안 된다.

그런데, 환자는 이 세 가지 중에 어떤 치료법을 선택할지 의사와 대화를 통해 결정할 수 있을까? 아니면 인터넷 검색을 잘해서 많은 정보를 알면 합리적 선택을 할 수 있을까?

요즘은 디지털 카메라가 좋아져서 육안으로 보는 것보다 더 자세한 화면으로 환자와 의사가 함께 충치 부위를 보면서 상담하는 경우도 많지만, 사실 충치의 범위가 어느 정도인지는 환자가 직접 보더라도 잘 알기는 어렵다. 그보다는 오히려 상담하는 사람의 말투, 분위기, 이전의 치과치료 경험, 이웃들의 조언 등과 같은 의료 외적인 것에 근거해 판단하는 경우가 더 많을 것이다.

결국 공격적 치료냐 보존적 치료냐의 차이가 발생하는 것은 임상에서 어쩔 수 없는 측면이 있는데, 문제는 여기에 의료 외의 이유까지 끼어들어 과잉진료가 발생할 수 있다는 것이다. 그리고 환자가 '합리적 소비자'로서 이를 적절히 피해가기는 어렵다는 것 또한 문제이다.

## ✛ 환자와
### 의사의 관계

'합리적 소비자'가 되지 못하는 가장 큰 이유로 '정보의 비대칭성'을 들 수 있다. 전문가가 가지고 있는 정보가 소비자보다 훨씬 많고 복잡해서 그 차이가 심하면 전문가의 이해에 따라 소비가 결정될 가능성이 높아진다는 말이다. 사실 이는 의료에만 해당되는 것은 아니다. 자동차 수리점에서 차에 대한 지식이 상대적으로 적은 여성 초보운전자에게 바가지 요금을 받는다는 뉴스도 역시 '정보 비대칭성'의 한 예가 될 수 있다. 의료는 이에 더해 그 대상이 '몸'이라는 점이 큰 영향을 미친다.

환자와 의사의 관계는 동등할 수 없다. 환자는 진단과 치료, 비용에 이르기까지 모든 전문적인 정보를 가진 의사나 의료인들에게 기댈 수밖에 없다. 물론 인터넷이 발달했다고 하지만 의료와 같이 사람마다 다른 특성을 총체적으로 판단해야 하는 분야에서 단편적인 상식으로 대응하기는 어렵다. 더구나 내 몸을 맡겨야 할 의사 앞인데, 시장에서 물건 살 때처럼 꼼꼼히 따질 수가 있겠는가. 환자와 의사의 관계가 바로 그렇다.

그래서 1990년대 이후로 의학계 내부에서는 '근거 중심의 의료'가 의료윤리와 더불어 중요한 화두가 되었다. 근거 중심이라는 것은 진

**고무줄처럼 달라지는 치과 견적**

| 치과명 | 진료비 | 엑스레이 촬영 | 진료 내용 |
|---|---|---|---|
| A치과 | 8200원 | O | 총 7개 치아 이상 있음.<br>레진 추천. 하나당 5만 원. |
| B치과 | 4800원 | × | 충치 생길 수 있으니<br>위쪽 사랑니 2개 뺄 것을 권유.<br>스케일링 보험처리 후 1만5000원 권고. |
| C치과 | 4100원 | × | 왼쪽 아랫니 살짝 마모됐지만<br>일상적인 것이므로 걱정할 필요 없음.<br>불소 치약 사용 권고. |
| D치과 | 7200원 | O | 전혀 이상 없다고 함. |

(『머니투데이』, 2014년 3월 14일)

서울 강남 일대 치과들의 진단 내용. 같은 치아지만 병원마다, 의사마다 다르게 진단하고 있다. 물론 치과의사의 소견에 따라 진단 내용은 달라질 수밖에 없는 면도 있지만, 수익에 민감한 기업형 치과일수록 과잉진료가 만연한 경향을 보인다.

단과 치료, 평가 과정이 과학적 근거가 있을 경우에만 윤리적 행위로 인정받을 수 있다는 의미이다. 만약 어떤 치과의사가 환자에게 이를 뽑고 임플란트를 여러 개 하도록 권하는 경우, 이것이 단지 공격적 진료인지 아니면 과잉진료인지 어떻게 판단할 수 있을까? 이 판단을 위해서는 '근거'가 중요하다. 그가 이를 뽑는 기준에 치의학적 '근거'가 부족하다면 이것은 비윤리적 행위이며 과잉진료라고 봐야 한다.

그러나 그 근거가 학술대회에서만 논의된다면 여전히 국민들은 '과잉진료의 함정'에 그대로 노출될 것이다. 그리고 그 함정의 한가운데 임플란트 시장이 있다. 임플란트는 고가의 치료법이기에 엄청난 경쟁과 다양한 마케팅 기법이 동원되고, 그 과정에서 환자의 상태는 신경쓰지 않고 무분별한 임플란트 시술이 이뤄졌다. 물의를 일으켰던 모 네트워크 치과가 짧은 시간에 엄청난 성장을 거둔 것도 바로 임플란트를 통해서였다. 언론에서도 다루었지만, 임플란트 과잉진료행위는 사회적 문제로 대두되었으며 도무지 믿고 갈 치과가 없다는 인식이 퍼지는 데 일조했다.

## ✛ 임플란트,
## 치료비용의 단위가 바뀌다

과거에도 금 인레이를 강권하는 과잉진료로 큰 수익을 내는 치과가 존재했다. 사실 임플란트로 짭짤한 재미를 보았던 치과 그룹 또한 금을 얇게 최소로 써서 만든 금 인레이를 박리다매 형태로 공급받아 시술하던 이들로부터 시작되었다는 후문도 있다. 그러나 지금의 임플란트와 비교해보면 규모면에서 아직 미미한 단계였다.

오랫동안 치과를 못 가 충치와 풍치로 고생하신 어머니를 모시고 사거리 큰길 임플란트 전문병원 A라는 곳을 다녀왔다. 12개를 뽑고 임플란트(개당 80만 원)를 한단다. 전국에 있다는 프랜차이즈 병원답게 친절하고 저렴했지만 여전히 형제들에게 치료비용을 말하기가 부담스럽다. 그러던 차에 앞집 가족이 다닌다는 큰길 B치과를 갔다. 그런데 12개를 뽑고 임플란트(개당 80만 원)를 해야 한다고 들었던 어머니의 치아는 일단 풍치치료를 하면서 3개만 뽑아서 임플란트(개당 150만 원)를 하고 나머지는 최대한 유지해보자고 한다. 일단 거의 1000만 원이었던 치료비가 절반 아래로 내려가서 반갑기는 했지만 과연 믿어도 될까. 왜 80만 원이 150만 원으로 비싸졌으며, 반대로 왜 12개나 뽑아야 할 치아가 3개로 줄어든 건가? 그리고 임플란트 가격은 왜 이렇게 다른가?

이 정도로 치료계획과 비용에서 차이가 난다면, 아무리 치과의사마다 공격적 치료와 보존적 치료의 차이가 있다고 인정한다고 해도 상식적으로 납득하기 어렵다.

이 예를 가지고서는 정답에 가까운 결론을 내리기는 어렵지만, 아마도 가장 환자들이 궁금해하는 점일지 모르니 궁색한 답이라도 해보려고 한다.

우선 이렇게 치료비용이 큰 차이가 날 가능성을 부정적으로 생각해보면 이렇다. 첫째, A치과가 과잉진료를 유도했을 가능성이다. 둘째, B치과가 지나치게 발치를 기피했을 가능성이다. 첫째의 경우라면 지탄을 받아야 할 일이지만 이를 환자가 알아내기는 쉬운 일이 아니다. 여러 치과를 전전하면서 '견적'을 받아봐도 정답을 내기는 쉽지 않다. 그래도 아직까지는 그것만이 방법이다. 빼야 할 치아를 그냥 두자고 하기는 어렵기 때문이다.(바로 이 점이 과잉진료가 끼어들 수 있는 약점이기도 하다.)

둘째의 경우라면, 처음에는 몇 개만 치료하면 될 줄 알았다가 나중에 또 치아를 뽑아야 될 가능성이 높을 것이다. 치과의사로서는 이렇게 결국 발치하게 될 치아이므로 첫째 경우처럼 값싸게 임플란트 치료를 받으라고 권하기가 쉬운 것이다.

환자 입장에서 생각한다면 적은 비용으로 이를 적게 빼도록 권하는 곳이 가장 나은 선택이 아닐까. 성인이 치아를 뽑는 것은 대개 충치보다는 잇몸질환, 즉 이가 흔들리고 붓고 아픈 증상 때문이다. 이가 흔들린다는 것은 치아를 지탱해줄 잇몸뼈가 상실되는 '치주염'이 심해졌다는 뜻이다. 치주염 치료는 모두 보험치료이긴 하지만 치료기간이 오래 걸리고 무엇보다 환자 자신의 노력도 치료 결과에 영향을 많이 미쳐서 치과의사로서는 효과를 장담하기 어려운 측면이 많다. 게다가 노력에 비해서 보험치료 비용이 충분치 않다는 것이 치과의사들의 불만이기도 하다. 치료 과정에서 이가 시리고 아파하는 환자의 불만을 견뎌야 하는 것도 치과의사로서는 말 못할 고역이다. 그래서 과거에는 잇몸질환 치료에 정성을 들이는 치과가 많지 않았던 것이 사실이다.

그런데 임플란트 도입으로 너무 쉽게 치아를 뽑도록 권하는 일이 많아지면서 오히려 치아를 되도록 빼지 않고 살리려는 움직임이 치과계 내부에서 나타났다. 이는 임플란트와 같은 비보험치료에 대한 시장경

# 환자는 '봉'… 일부 치과 '인술'은 없고 '상술'만 있다

### 보험적용 안되는 비싼 '충치 치료 보충재' 권유
### 1만원이면 되는데… 비보험 제품 8만~12만원대

인천시내 일부 치과병원들이 충치 치료 후 이를 메우기 위해 찾아온 환자에게 보험이 적용되는 값싼 이 외 보충재 대신 보험비용이 안 되는 비싼 보충재를 권유하는 등 비합리적인 치료행위를 일삼고 있다는 지적이다.

25일 건강보험심사평가원에 따르면 치아 보충재 중 보험이 되는 것은 아말감과 글래스아이오노머시멘트를 합친 두 가지이며, 가격은 보험 하나당 1만 원대이다.

인천지역 치과에서 환자에게 권유하는 충전재의 8분의 1도는 30만 원의 1가격으로 충분히 치료를 할 수 있다.

그러나 현실은 보험이 되는 이 값 은 보충재를 치과에서 충분히 설명해주지 않고 있다.

김모씨(63·인천시 연수구 송도동)

는 충치가 심해 최근 집 부근 A 치과에 갔다. 신경치료로 과년 이 2개를 치워 충전재를 씌워 봤다며 의사는 간호사와 제도와 가격을 상담하라고 했다. 간호사는 아말금이 쉬어 병위가 날리며 본유 의사 권을 위우는 것을 추천하며, 비용은 이 하나당 30만 원대라고 말했다.

가격에 놀란 김씨는 보험이 되는 것은 없느냐고 물었더니 예전 방식 이라 권유하지 않았다는 대답이 올 아왔다 김씨는 "다른 치과 2곳을 알 문의고 4주에 전화를 걸어 문의했지 만, 어 병원과 마찬가지여서 결국 씌 울 지도받은 병원에서 권유는 치료 를 받았다"고 말했다.

지난 23일 기자가 인천지역 10개 치과에 충전재 가격을 문의한 결과, 정확한 가격은이 상태를 보고 치료 해야 알 수 있다면서 10개 치과 모두

해진을 가장 먼저 언급했거나 가격은 8만 원에서 12만 원대외어, 금이나 사기로 할 경우 가격은 30만 원이었 다.

먼저 물어보기 전에는 보험이 적 용되는 개보재를 말해주는 병 원은 단 1곳도 없었다.

이와 관련, 치과위는 충은 "보철이 적용되는 아말금은 씌도 검은 냄나 이에서 살 벗어지기 때문에 거의 사용하지 않는다"며 "충치 치료를 마친 환자에게 충전재에 대해 보험적 용 등 충분히 설명해주고 있다"고 밝혔다.

건강보험심사평가원 한 관계자는 "의사 소견이 중요하지 요즘 사람들 차아 색 충전재를 선호하지만, 돈이 있는 사람은 값진 보험이 되는 것으 로 치료를 하고 싶어하기 더 "병원 의 보험적용 여부를 설명해주지 않 는 것은 건강보험료를 내고 치료를 받을 환자의 권리를 완전 차단하는 것"이라고 지적했다.

배혜민기자 shtdht@kyeonggi.com

의사와 환자의 관계는 평등할 수가 없다. 그것을 이용해 환자의 복리보다 병원의 수익을 위해 치료 계획을 잡는 치과의사들도 있다. 치과계에서 영리 추구의 경향을 줄이고 치과 문턱을 낮출 수 있는 제도 변화가 필요하다.(『경기일보』, 2013년 8월 26일)

쟁이 극심해지면서 진료의 기본 원칙마저 무너뜨리고 있다는 치과계 내부의 윤리적 자성에서 나온 것이기도 하고, 일부는 대규모 저가 공세에 맞설 수 없는 치과들의 '공정한 룰'에 대한 요구이기도 하다. 80만 원의 임플란트와 150만 원의 임플란트. 어떻게 보면 동네 피자와 대형마트 피자의 가격경쟁 논리와도 닮아 있다. 문제는 싸다고 임플란트를 많이 하는 것이 결코 좋지 않은데, 환자는 그 판단을 오로지 의사에게 맡길 수밖에 없다는 점이다.

'뱀파이어 효과'라는 말이 있다. 이윤만을 최우선에 두는 영리추구형 병원이 한 지역에 나타나게 되면 그 지역 내 다른 병원들도 유사한 영리추구 행위를 따라하게 되는 현상을 말한다. 특히 고가의 시술인 임플

란트를 중심으로 비보험치료가 많은 치과계는 이러한 뱀파이어 효과가 뚜렷하게 나타나고 있다. 덕분에 의료인으로서의 윤리의식은 이윤과 경쟁 앞에 무너지고 과잉진료가 더욱 횡행하는 결과를 낳고 있는 것이다.

## + 합리적 소비자?
## 그보다 건강보험 보장을 강화해야

치과에서 합리적 견적을 받아서 근거 있는 치료를 받고자 하는 마음은 당연하다. 그러나 지금까지 살펴본 것처럼 이는 쉬운 일이 아니다. 사실상 불가능에 가깝다. 의료인의 눈에도 의료에서 합리적 소비자의 권리를 완전히 구현한다는 것은 불가능해 보인다. 사실 의료뿐만 아니라 자본주의 사회에서 합리적 선택이라는 것은 영원히 요원할 일인지도 모른다.

우리는 어디에 있는 어떤 치과든 언제나 믿고 찾아갈 수 있기를 원한다. 그리하여 가까워서, 대기실에 내가 좋아하는 만화책이 많아서, 원장님이 잘 생기고 예뻐서, 간호사님이 너무 친절하고 목소리가 좋아서 등등의 이유로 싫고 무섭지만 가게 되는 곳이어야 한다.

그러기 위해서는 먼저 가격의 문턱이 낮아야 할 것이다. 그런데 그 문턱 문제의 절반 이상이 시장경쟁에 내맡겨져 있기에 우리는 환자가 아니라 '소비자'로서 치과 앞에서 고민에 빠지게 된다. 임플란트의 예에서 보았듯이, 치과에서 치료계획을 세우는 데 가장 어려운 걸림돌 하나가 오로지 시장에 맡겨진 비보험치료가 너무 많다는 점이다.

최소한 19세 이하 아동·청소년들에게는 모든 치료를 무상으로 하는 것을 시작으로, 나아가 치과치료의 절반 이상이 건강보험에 보장된다면 지금보다는 훨씬 안정적이고 신뢰할 수 있는 치과를 우리는 갖게 될 것이다.

CHAPTER

# 05

# 왜 과잉치료 시비가
# 끊이지 않을까?
## 임플란트 과잉 시술
## 부르는 사회

**＋임플란트의
추억**

이제 쓸 만큼 써서

더 버틸 수 없게 된 내 이빨

그동안 수고했다 고맙다

그만 뽑을 거 뽑고 의치라도 해야지

어디 좋은 치과 없을까 내 고민에

건치한테는 가지 마라

세상은 잘 보는지 몰라도 이빨은 못 본다

떠들기는 잘 해도 실력이 영 없어요 공부도 안하고

명색이 진보교수라는 친구가 거품을 문다

약이 올라 좀 멀었지만 모임에서 가끔 보는

건치 의사를 찾았다

사진도 찍고 자세히 들여다보고

진지하게 묻기도 하더니

그래도 자기 것이 좋다며

웬만하면 뽑지 말고 잘 치료해서

그냥 더 쓰자고 하면서

치료받기는 가까운 곳이 좋으니

우리 집 부근 치과를 소개해주겠단다

그냥 좀 이상하면 왕창 뽑아버리고

임플란튼지 뭔지 새로운 공법으로 쓱싹 해치우면

손도 쉽고 돈도 많이 벌 텐데

진짜 좀 멍청하구나 생각하면서도

이렇게 멀리 다니지 말고 동네교회 나가세요

그렇게 한 마디 안 하는

큰 교회 목사보다는 괜찮아 보였다

－이수호, 「치과에서」


전국교직원노조 위원장과 민주노총 위원장을 역임한 이수호 선생
이 페이스북에 올린 시다. 이수호 선생은 아마도 치주염으로 이가 흔
들려서 더 이상 쓰지 못하겠고, 뽑아버린 뒤 틀니를 해야겠다고 생각
했던 모양이다.

1980년대에서 1990년대 초반까지만 해도 이를 뽑는 원인의 대부

분(80% 이상)이 충치(치아우식증)였으나, 점차 치주병(잇몸병)의 비중이 늘어나 2000년대에는 40% 이상을 차지하는 것으로 조사되고 있다. 이런 경향은 나이가 들수록 뚜렷해지는 터라 이수호 선생처럼 '쓸 만큼 써서 더 이상 쓸 수 없게' 되었다고 생각하기 쉽다.

상실된 치아는 치료를 해서 회복해주어야 한다. 한두 개의 치아라면 전통적인 방식의 고정성 의치(브릿지)나 임플란트를 이용해 쉽게 회복할 수 있지만 문제는 다수의 치아, 혹은 모든 치아를 상실했을 경우다. 전신건강이 양호하고 비용을 감당할 수 있다면, '왕창 뽑아버리고 임플란튼지 뭔지 새로운 공법으로 쓱싹 해치우면' 될지도 모른다. 그러나 현실은 건강이 뒷받침해주지 못해서 임플란트 수술이 어려운 경우도 많고, 무엇보다 비용을 감당키가 쉽지 않다. 한두 개 정도야 적금을 깬다든가, 신용카드 할부를 이용한다 해도 대여섯 개씩 임플란트를 하는 것은 일반 서민들로서는 만만찮은 일이다.

의료인 가운데도 임플란트가 처음 도입되던 당시 부정적 인상을 가졌던 이들이 된다. 1980년대 말 치과보철학 강의를 하던 교수님의 경험담에 따르면, 미국 치과대학병원에서 운영하는 임플란트 치료실을 가보았더니 한 진료실에서 환자에게 임플란트를 심는 와중에 다른 진료실에서는 실패한 임플란트를 열심히 제거하고 있더란다. 모든 수술이 마찬가지겠지만 임플란트의 경우 역시 100% 성공할 수는 없다. 적절한 케이스에 적절한 시술이 이루어진다는 조건하에서 95% 내외의 성공률을 보인다고는 하나, 아마도 실제 성공률은 이보다 낮을 것이다.

## <sup>+</sup> 임플란트는
## 마법의 '차선책'

임플란트의 가장 큰 장점은 상실된 치아의 인접 치아에 손상을 주지 않고 시술이 가능하다는 것이다. 이는 이웃한 치아를 갈아낸 뒤 의치를 연결하는 기존의 브릿지 방식과 비교하면 그 장점이 뚜렷해진다. 멀쩡한 자연치아를 갈아내거나 하지 않아도 되니 말이다. 또한 임플란트는 이웃 치아가 한쪽밖에 없어서 기존의 보철방식을 쓸 수 없는 경우에는 유일한 대안이 되기도 한다. 다수의 치아를 상실했을 때 흔히 사용하는 틀니 치료와 비교해도 씹는 기능이 보전되고 관리가 쉽다는 점에서 한결 앞선 치료법이다. 이렇듯 임플란트는 적절한 케이스에 적절하게 시술만 된다면 치과치료의 패러다임을 바꿀 만한 혁신적이면서도 훌륭한 치료법임에 틀림없다.

그러나 명심해야 할 것은, 임플란트가 마법의 치료법이기는 하나 어디까지나 차선책으로서 그렇다는 것이다. 예컨대 어떤 치과의사든 임플란트 시술을 결정했음직한 경우라 할지라도, 그게 꼭 최선은 아닐 수 있다는 얘기다.

애연가인데다 잇몸이 좋지 않아 아래 끝 어금니(제2대구치)를 뽑아야 할 지경이 된 어느 환자의 경우를 보자. 의사로선 임플란트 시술이 필요하다는 판단이 들었다. 하지만 잇몸이 약하다는 점 때문에 고심 끝에 흔들리는 이를 아래 치아와 물리지 않도록 충분히 갈아내고 신경치료만 한 뒤, 씹히지 않는 상태로 그대로 두었다. 남아 있는 치

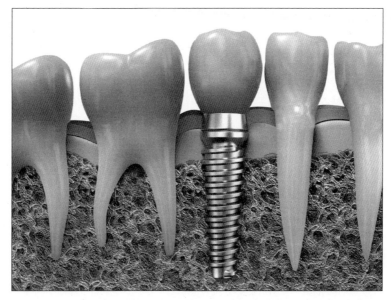

임플란트는 못 쓸 정도로 상한 치아를 뽑아내고 인공 치아를 '심는' 시술이다. 그렇지만 인공적인 치아가 자연 치아보다 좋을 수는 없다. 충분히 쓸 수 있는 치아인데 임플란트를 시술하는 것은 치과의사로서의 양심과 의무를 저버린 행위이다. 최근 영리를 추구하는 일부 치과들에서 그런 경향이 나타나고 있다.

아의 뿌리가 잇몸뼈를 추가로 만들기를, 말하자면 스스로 치유되기를 기대하는 보존치료를 선택한 셈이다. 다행히 시간이 지남에 따라 치아의 흔들림도 잦아들고 염증도 사라져갔다. 한마디로 이가 튼튼해진 것이다! 이후 환자의 치아 상태는 추가적인 시술 없이 정기적으로 치주관리만 받아도 될 만큼 호전되었다.

이렇듯 치과의사가 이를 뽑아야 한다고 진단할 만큼 상태가 나쁘더라도 적절한 치료를 통해 뽑지 않고 장기간 유지하게 되는 경우가 종종 있다. 어떤 치과의사든 발치냐 보존이냐를 판단하는 나름의 기

준이 있게 마련이지만, 이를 곧이곧대로 적용하기보다는 가능한 자연
치아를 보존하는 쪽으로 환자와 협의해보는 게 필요하다. 굳이 그렇
게까지 하는 이유는 임플란트가 분명 훌륭한 치료법이지만, 그럼에도
본래의 자기 치아보다는 못할 것이기 때문이다.

그런데 임플란트가 도입되고 치과치료의 패러다임이 바뀌면서 과도
한, 혹은 잘못된 경향이 생겨났다. 병원이든 환자든 공들여 잇몸치료
나 충치치료를 하기보다 손쉽게 발치한 뒤 임플란트를 심는 쪽을 선
호하게 된 것이다. 그런 바람을 타고 이른바 임플란트 전문치과라는
것이 들어서고, 유사 영리병원 행세를 하는 (역시 임플란트 위주의) 네
트워크 치과도 등장했다. 그리고 이들간에 가격경쟁이 붙으면서 일반
동네 치과에서는 감당할 수 없는 수준으로 임플란트 가격을 내리는
일도 흔히 벌어지곤 한다. 마땅히 의술을 앞세워야 할 병원이 장삿속
과 머니게임의 장으로 전락하는 것이다.

## ✚ 내 가족의 치아였다면
## 그럴 수 있을까?

치과에 있다 보면 외국에 장기간 나갈 예정인 분들이나, 이민 갔다
가 국내에 잠시 들른 분들이 찾아오는 경우가 잦다. 나라 밖에서는
이가 아파도 보험 혜택을 받을 수 없다는 말을 듣고 출국 전 미리 치
료를 받아두거나, 비싼 해외 거주지 병원에 갈 엄두를 못 내다 한국
방문길에 치료받으려는 이들이다. 비록 비보험치료라도 외국보다는

매우 싸고, 보철이나 임플란트 역시 비할 바 없이 저렴하기 때문에 들어온 김에 겸사겸사 치료받는 것이리라. 물론 우리 치과의술이 세계적 수준에서 견줘봐도 부족하지 않다고 알려진 덕분이기도 하다. 한국의 치과의료가 싸면서도 질 좋은 치료, 경제 관료들이 늘 강조하듯 '경쟁력 있는' 것으로 인정받는 모습을 보면 치과의사로서 자부심도 든다. 그러나 어디든 맑은 물을 흐려놓는 이들은 늘 있는가 보다.

어느 환자의 경험담이다. 여기저기 이가 부실하던 차에 싸다는 소문을 듣고 어느 임플란트 전문 치과에 갔단다. 상담 직원이 보더니, 대뜸 아래는 앞니 네 개 없는 곳에 임플란트를 두 개 심고, 위 앞니 빠진 곳에도 하나를 심고, 아래는 뼈가 좁으니 골 이식을 하고, 보철물도 몇 개는 새로 하고 등등 견적을 내는데, 우수리 20만 원은 깎아줘서 500만 원에 해주겠다고 하더란다. 이미 그곳이 싸다고 알고 간 데다 깎아준다기에, 그날 바로 임플란트를 심고 그 위아래로 각각 임시 의치를 했다.

그런데 나중에 보니 아래 심은 임플란트가 앞으로는 튀어나오고 옆으로도 기울어 있었다. 놀라서 다시 찾아가 물었더니 이번엔 원장의사가 들어와 기우뚱해도 다 보철을 하는 방법이 있고 문제가 안 된다는 답변을 주더란다. 그래도 영 의심이 걷히질 않아 다른 치과를 찾았더니 아뿔싸, 앞서 심은 임플란트에 문제가 있어 모조리 빼야 한다고 했단다. 얼마나 황당했겠는가. 그러니 누구 말을 믿어야 할지 몰라 또 다른 치과를 찾아 재차 상담을 받으러 갔다.

이 환자의 경우, 방사선 사진을 찍어 보니 과연 아래에 심어진 임플란트가 기울어져 있었다. 그런데 그 양쪽의 견치(송곳니)를 보니 좌우로 브릿지(고정성 의치)를 연결해 사용하는 데 아무런 문제가 없었다. 위턱의 경우도 마찬가지였다. 쉽게 말해 애초에 임플란트까지 할 것 없이 기존의 브릿지 방식으로도 충분한 상황이었던 것이다.

'내 부모라면, 혹은 내 이라면 어떻게 치료하겠는가?' 치료 계획을 세울 때 치과의사가 유념해야 할 가장 중요한 원칙이다. 그에 비춰볼 때, 이 환자에게 임플란트는 불필요할 뿐만 아니라 크게 위험한 치료였다. 실력이 모자라서 일어나는 의료사고야 그 또한 인간이 하는 일인지라 불가피하게 생기는 불행일 수 있다. 그러나 보존 치료의 장점을 누구보다 잘 아는 의사가, 더 나은 선택지가 뻔히 보이는 환자에게 임플란트가 꼭 필요한 치료였을까? 도대체 무엇 때문에?

전문가도 아닌 상담 직원을 앞세워 엉터리 견적을 내고, 실적에 따라 인센티브를 주는 풍토가 그런 과잉 시술을 부추기는 한 원인이다. 불필요한 데다 위험하기까지 한 치료를 정보가 부족한 환자에게 '싼값'을 무기로 강권하는 행태 말이다. 안타까운 현실이다.

## ✚ 과잉진료를 피하는 방법은?

의료라는 것은 일반적인 상품과는 다르다는 게 '제대로 된' 경제학의 정설이다. 서적과 인터넷을 통해 제공되는 의료정보의 양이 많아졌다고는 하지만, 여전히 공급자(의료인)-소비자(환자) 간 정보와 지식의 격차는 매우 크다. 당장의 고통에 쫓기는 환자라면 충분한 시간을 갖고 스스로 판단할 여유도 없다. 여기에 더해, 치료비 부담은 의사의 처방이 과연 시의적절한 것인지 따져볼 분별력을 더욱 흐려놓는다. 결국 환자는 '싼값'의 유혹에 홀려 잘못된 치료계획에 동의해버리기 쉽다. 치과치료는 겉보기에 비슷해 보이는 구강 상태라도 실제로는 매우 다를 수 있으며, 심지어 똑같은 구강 상태라도 다양한 치료방법이 존재할 수 있는데도 말이다.

이런 과잉치료의 피해를 막기 위해선 최선의 처방을 찾기 위한 치과 의사의 고민도 물론 필요하지만, 무엇보다 환자가 평소 자기 구강 상태에 대해 보다 정확히 파악하고 어떤 치료방법을 선택할지 신중히 따져볼 줄 알아야 한다. 가장 좋은 방법은 지속적으로 나의 구강 상태를 관리해줄 치과주치의를 지정해 꾸준한 관리와 상담을 받는 것이다. 당장 믿을 만한 치과주치의가 없다면, 다소 발품을 팔더라도 여러 치과를 찾아 자신의 구강 상태를 객관적으로 파악한 다음 신중히 치료계획을 정하는 것이 좋다. 이수호 선생이 소개한 '바보 같은 치과의사'를 만나기 위해 투자하는 것이 과잉진료를 막기 위한 가장 현명한 방편이며, 의료소비자가 그런 노력을 할 때 바보 치과의사들도 조금씩 늘어날 것이다.

CHAPTER

# 06

# 좋은 치과를
# 고르는 7가지 기준

## '좋은 치과'를 찾는 환자들

멀리 이사를 간 후에도 찾아주는 단골 환자들이 있다. 원장 입장에서야 먼 길을 마다않고 찾아오는 분들이 고맙고 한편 뿌듯하기도 하다. 하지만 환자 입장에서 생각하면 오고 가는 시간과 교통비의 낭비가 클 수밖에 없다. 무엇보다 만성질환이 많은 구강질환의 특성상 거리가 멀면 정기검진도 소홀해질 수 있고, 필요한 치료를 받는 데도 문제가 될 수 있다. 가급적 집이나 직장과 가까운 치과를 다니는 것이 좋은 이유다.

그런데도 꼭 소개받은 치과만 찾는 사람들도 많다. 다른 치과의사나 다른 환자들의 소개 말이다. 치과에 새로운 환자가 올 때마다 어떻게 알고 왔냐고 물으면 반 이상이 아는 사람 소개로 왔다고 대답한다. 가까운 치과를 놔두고 먼 단골 치과나 누군가가 소개하는 치과를 찾게 되는 이유는 결국 치과의사와 환자가 각기 지닌 정보에서 워낙 격차가 크기 때문이다. 친절하고, 깨끗하고, 시설이 좋고, 설명을 잘 해주고, 저렴하다는 것 정도는 쉽게 판단할 수 있지만, 치과를 찾은 진짜 목적인 진료의 내용과 질에 대해서는 전문지식이 없는 환자로서는 도무지 알 수가 없다는 근본적 차이 말이다. 치료가 잘 안 된 것 같더라도 정확히 알 수 없고, 치료가 잘 된 것 같아도 진실은 알 수 없다.

그래서 먼 길이지만 다니던 단골 치과나 누군가에게 소개받은 치과에 가서야 안심(?)하고 치료를 받는 것이다. 다를 것 없는 치료일 수 있지만 최선을 다해주겠지 하는 믿음으로 말이다. 물론 그곳 진료의 질이 정말 좋은지는 확신할 수 없다. 그렇다면 환자들은 정신적 위안을 위해 힘들게 치과를 찾아다니는 셈이다.

물론 이를 해결하자고 환자들이 치과의사처럼 공부할 수도 없고, 해야 할 이유도 없다. 오히려 어설프게 치과 정보를 아는 환자가 아예 백지 상태인 환자보다 치과의사와 소통하기가 더 어려운 경우도 있다. 어떻든 이런 정보의 비대칭성을 악용하기는 너무 쉽기 때문에, 치과의사 같은 전문직에게는 고도의 직업윤리가 요구되는 것이다. 그러나 문제는 그런 직업윤리가 잘 지켜지지 않는다는 것이다. 병원의 영리 추구가 당연시되면서 최선最善의 치료가 아니라, 최고가最高價의 치료를 하는 식으로 말이다.

# 어떤 치과가
# 좋은 치과인가

그렇다면 좋은 1차 치과의료기관, 즉 동네 치과를 선택하는 기준이란 게 있을까? 여기에 딱히 정답이 있는 건 아니다. 하지만 대강의 기준은 생각해볼 수 있겠다. 결코 절대적인 기준은 아님을 감안하여 참고하시기 바란다.

첫째, 구강위생 교육을 잘하고 있는 치과인가? 단순히 잇솔질하는 법을 치아모형을 들고 설명하는 것이 아니라 치아에 붉은 착색제를 발라 치태가 붙어 있는 정도를 확인해주는지, 치간칫솔이나 치실의 사용을 꼼꼼하게 가르쳐주는지, 직접 칫솔을 가지고 시범을 보여주는지, 여러 번 반복해서 교육해주는지 등등을 살펴보아야 한다. 따로 비용을 받지 않고도 성실하게 구강위생교육을 해주는 좋은 치과들이 많다. 현재 잇솔질 교육은 평생 1회만 보험 적용을 받을 수 있는데, 이는 비의학적이고 비현실적이란 점에서 제도 개선도 시급하다.

둘째, 환자의 고통이나 고충을 잘 이해하고 해결해주는 치과인가? 일단 치과는 충치나 잇몸질환을 잘 치료함으로써 아픈 것을 잘 해결해줘야 한다. 물론 어쩔 수 없이 치료 자체가 통증을 동반하고 치료 후 통증이 자연스러운 경우도 있으므로 통증관리가 절대적인 기준이 될 수는 없다. 하지만 전체적으로 통증을 잘 관리하는 치과의사가 실력 있는 치과의사일 가능성이 높다. 환자의 이야기를 잘 들어주고 가능한 한 환자의 요구를 진료에 반영하려고 애쓰는 치과의사 역시 좋은 치과의사일 것이다.

셋째, 자연치아를 가능한 한 남기려고 노력하는 치과인가? 당연히 자연치아는 여러 가지 이유에서 각종 인공치아보다 우수하다. 그렇다고 무조건 치아를 뽑지 않고 유지하는 것만이 능사는 아니다. 예컨대 치주염이 심해 잇몸뼈 상당 부분이 망가져 인접한 치아의 잇몸뼈마저 파괴하고 있어 다른 치료가 불가능하다고 판단될 경우에는 주저 없이 이를 뽑아야 한다. 그 외에도 치아 뿌리가 부러졌거나 신경치료가 불가능한 경우 등 이를 빼야 하는 여러 상황이 있다. 자연치아를 보존한다는 생각으로 차일피일 미루다가는 옆에 있는 치아마저 뽑게 되는 최악의 상황이 올 수도 있다. 하지만 대체적으로는 자연치아를 보존하려고 노력하는 치과가 좋은 치과라고 할 수 있다.

넷째, 스케일링이나 검진을 무료로 해주는 등 미끼 상품을 내세우는 치과인가? 의료계에서 미끼 상품을 통한 영리 추구가 문제된 적이 여러 번 있었다. 일종의 환자 유인 행위로, 일반적인 상행위에서 보이는 호객행위에 다름 아니다. 병원 운영이야 상업적 영역이라 해도, 진료 자체에는 절대 상업성이 끼어들어서는 안 되는 법이다. 그러나 공짜 심리를 이용해서 환자들을 유인하는 의료인이 상업성을 고려하지 않고 환자를 중심에 두는 윤리적인 진료를 하리라고 믿기는 어려운 법이다.

다섯째, 광고를 많이 하는 치과인가? 이런 문제도 의심할 필요가 있다. 전문의약품에 대한 광고를 제한하는 것은 정보 제공이라는 순기

# "돈 안되는 치료는 안합니다"
## '가짜' 전문병원들 배짱 영업

### 비지정 병원이 '거짓 홍보'

▌얼마 전 이 신경치료를 받기 위해 서울 강북구의 한 치과를 찾은 직장인 이모(28) 씨는 황당한 일을 겪었다. 간호사가 '교정전문 치과' 라고 쓰인 병원 광고지를 가리키며 "이곳은 교정전문 병원이라서 신경치료나 충치치료 등은 하지 않는다"고 말했기 때문이다. 이 씨는 "전문병원이면 진료 거부해도 되는지 모르겠지만 비용이 싼 기본 진료들은 안 하고 돈 되는 교정진료만 하겠다는 것인지 어이가 없다"고 말했다. 얼마 전 갑자기 찾아온 생리통 때문에 저녁 시간에 서울 노원구의 한 산부인과를 찾은 안모(여·26) 씨도 비슷한 일을 겪었다. 간호사가 "여긴 불임시술 전문병원이라 야간에는 생리통 진료를 하지 않으니 내일 오전에 다시 오라"고 말했던 것이다.

마치 '전문병원'인 것처럼 거짓 간판을 달고서 "전문 진료 외의 것은 하지 않는다"며 배짱을 부리는 비양심 병원들이 기승을 부리고 있는 것으로 드러났다. 의료법상 '전문병원'이라는 용어는 보건복지부에서 지정한 의료기관만 사용할 수 있으며 현재 전국에 9개 질환, 9개 진료과목에 해당되는 99개 전문병원이 운영되고 있다. 그럼에도 일부 비지정 병원에서도 마치 고급 의료행위에 특화된 병원인 양 홍보하면서 상대적으로 저렴한 기본 진료의 경우 '진료거부' 까지 하는 사태가 나타나고 있다.

특히 치과의 경우 애초에 복지부에서 정한 전문병원 지정 분야가 아님에도 마치 교정이나 임플란트 분야 등의 진료만 전문으로 하는 병원인 것처럼 홍보하는 경우가 많아 지난해 공정위에서 시정조치를 받기도 했지만 여전한 것으로 확인됐다. 이 외에도 네이버 등 유명 포털사이트에 '전문병원'이라고 검색하면 '여성전문병원' 등 수많은 가짜 전문병원들이 검색되고 있다.

복지부의 허가없이 '전문병원'이라는 명칭을 사용하기만 해도 의료법상 처벌 대상인데다가 이를 근거로 진료거부까지 했다면 1년 이하 징역이나 500만 원 이하의 벌금을 추가로 물게 된다.

인지현 기자 loveofall@

> '임플란트 전문 치과' '교정 전문 치과' 등의 광고 문구를 내걸고 환자를 끄는 병원은 조심할 필요가 있다. 이런 병원은 돈이 안 되는 신경치료나 충치치료는 하지 않으면서 환자를 고액 치료로 유인한다.(「문화일보」, 2012년 8월 7일)

능보다 오남용이라는 역기능을 불러올 가능성이 크기 때문이다. 의료기관 광고도 같은 맥락에서 생각할 수 있다. 실제로 부작용에 대한 정보는 거의 안 보이고 환자를 유인하려는 목적의 그럴듯한 말만 가득하다. 인터넷 포털사이트를 검색하면 광고비를 많이 내는 의료기관들이 먼저 뜬다. 막대한 광고비를 지출하는 의료기관이 그 비용을 어디서 충당할지를 짐작해보면 답이 나올 것이다.

여섯째, 지나치게 낮은 가격을 전면에 내세우는 치과인가? 이런 치과들은 대개 대대적인 광고도 병행하는 경우가 많다. 물론 옷가게나 음식점에서 그러듯 박리다매 방식을 택해, 저렴한 가격으로 많은 환자를 모아 좋은 진료를 많이 해서 환자와 병의원 양자의 이익을 극대화한다고 주장할 수도 있을 것이다. 하지만 의료는 옷이나 음식과 달리 박리다매에 한계가 있다. 한 사람의 의료인이 정해진 시간에 볼 수 있는 환자수가 제한되어 있기 때문이다. 마트에서 1+1 행사나 바겐세일 하듯, 환자 진료를 할 수는 없는 일이다. 실제로도 이런 치과들이 보험진료 회피, 부실진료, 과잉진료 등의 비윤리적인 의료 행태를 많이 보여왔다.

일곱째, 진료를 보조하는 치과위생사나 간호조무사가 치과의사보다 먼저 환자를 보고 진단하고 설명하는 치과인가? 이는 의료법상으로도 명백히 불법이다. 치과의 치료 과정에서 가장 중요한 과정이 진단이다. 정확한 진단이 정확한 치료로 이어지기 때문이다. 진단은 치과의사의 모든 지식과 경험을 종합적으로 발휘하는 과정이기도 하다. 진단이 오로지 치과의사에게 맡겨져야 하는 이유다.

진료실 이외의 부분에 너무 많은 투자를 하는 치과도 그 비용이 다 어디서 나오는 건지 생각해볼 일이다. 치과의 기본적인 존재이유는 정확한 진료이다. 기본에 충실한 치과인지 외관에 치중하는 치과인지 잘 살펴보아야 할 것이다.

# ✚ 믿고 다닐 수 있는
## 치과 만들기

그런 점에서 볼 때, 일단 믿고 다닐 수 있는 주치의등록제(단골의사제)의 도입은 좋은 방안이다. 주치의제가 잘 확립된 외국의 경우, 자신의 주치의는 가족보다 가까운 경우도 많다. 자신의 건강 상태에 대해 비밀이 없고 늘 만나므로 그만큼 신뢰관계가 깊어질 수 있다. 우리나라에서도 아동청소년 치과주치의제도가 일부 지역에서 시범적으로 실시되고 있다. 시범 사업이 잘 정착돼서, 장점은 살리고 단점은 보완하여 일반적인 제도로 확대하려는 사회적 노력이 필요하다.

치과 병·의원을 일반적인 치료(충치나 잇몸질환 등 흔히 발생하는 구강 질환의 90% 정도의 치료가 여기에 속한다)를 하는 1차 치과의료기관과 전문적인 치료를 하는 2차 치과의료기관으로 구분하는 전달체계를 확립하는 것도 필요하다. 동네에서 개원하고 있는 치과의원을 1차 치과의료기관, 대학병원처럼 여러 개의 전문과로 나뉘어 전문적인 치료를 하는 곳을 2차 치과의료기관이라 할 수 있다. 1차 치과의료기관의 치과의사는 자신이 잘할 수 있는 치료는 최선을 다해서 치료하고, 자신이 하기 어려운 치료는 환자를 위해 2차 치과의료기관으로 의뢰해야 한다. 구강위생관리와 일반적인 치료를 잘하고 2차 기관 의뢰도 잘하는 치과의사가 진짜 훌륭한 치과의사이다. 동시에 2차 치과의료기관은 일반적인 치료는 최소한으로 하고, 의뢰된 환자 위주로 진료해야 한다.

그런데 우리나라는 치과 분야의 의료전달체계가 제대로 확립되어 있지 않아 치과의사도 환자도 불행한 상황에 있다. 당연히 환자 스스로는 자신의 질환이 1차 의료기관에서 치료할 질환인지 2차 의료기관에서 치료할 질환인지 알 수 없다. 이 판단은 1차 의료기관의 치과의사가 할 수 있다. 그런데 전달체계가 확립되어 있지 않으니 환자가 1차 의료기관에 가서 2차 의료기관에서 행해야 할 치료를 요구하면, 1차 의료기관의 치과의사는 치료를 포기하는 '실력 없는' 의사가 되거나 무리한 진료를 하게 될 가능성이 있다. 또 환자가 처음부터 가벼운 질환을 가지고 2차 의료기관에 가서 치료를 요구하면, 2차 의료기관의 치과의사는 1차 의료기관에서 치료해도 될 환자들을 치료하느라 정작 2차 의료기관에서 맡아야 할 환자들에 대한 치료나 연구가 소홀해질 수 있다. 환자는 멀리 다니는 수고는 물론 더 비싼 치료비를 내야 하고 여러 진료과를 다니느라 시간 낭비도 많고 더 힘들 것이다.

또한 정부와 치과의사단체가 힘을 모아 실효성 있는 윤리지침과 표준진료지침을 만들 필요도 있다. 객관적으로 검증 가능한 표준진료지침을 만들어 누구나 안심하고 비슷한 수준의 진료를 받을 수 있도록 해야 하는 것이다. 치과의사들이 지켜야 할 윤리지침과 위반시 처벌 방안도 더 현실적으로 강화되어야 한다. 환자를 영리 추구의 수단으로 삼지 말아야 한다는 것이 현대와 같은 자본주의 사회에서 가장 핵심적인 윤리지침이다. 이 말이 치과의사가 진료의 대가로 경제적 이득을 취하지 말라는 뜻은 아니다. 돈과 상관없이 모든 환자와 모든 진료에 최선을 다해야 하며, 돈 되는 환자는 잘해주고 돈 안 되는 환자는 기피하고…… 이래서는 안 된다는 것이다. 그런 상업적 마인드를 가지고 있으면 돈 되는 진료를 선호하고, 보험진료를 기피하고, 심지어 과잉진료의 유혹에 빠지기도 한다.

특히 치과의사들의 대표 단체인 대한치과의사협회는 치과의사들에 대한 사회적 신뢰를 유지·강화하기 위해서라도 회원관리를 철저히 해야 한다. 진료의 질과 윤리적 타당성을 판단하는 것은 일차적으로 치과의사를 포함한 전문가의 역할일 수밖에 없다. 현행 윤리지침을 강화하고 아직 미진한 표준진료지침을 완성하여 치과의사들이 이 지침을 지켜나가지 않으면 더 큰 불이익이 오도록 제도를 만들어야 한다. 이것이 환자도 치과의사도 윈윈할 수 있는 길이다.

# 07

# 미용, 성형
# 열풍을 보는
# 치과 원장의 고뇌

## + 치아미백,
## 정신적 만족을 위한 시술?

"원장님! 치아미백을 하고 싶은데요."

단발머리에 와인색 스카프로 멋을 낸 환자다. 기록을 보니 36세 여
자.

"그런데 치아미백 부작용은 없나요?"

"부작용이 전혀 없는 치료가 있겠습니까만 다행히 치아미백은 다른
시술에 비해 비교적 부작용이 적습니다. 미백제로 15%의 고농도 과산
화수소를 사용하는데요. 일시적으로 치아가 과민해져서 시린 증상이
나타날 수는 있습니다. 가끔 잇몸에 염증을 일으키는 경우도 있고요.
시린 증상이 심하면 치료를 중단합니다. 하지만 대부분의 경우에 부
작용이 나타나도 시간이 지나면 정상으로 돌아옵니다."

부작용이 적다는 말에 환자는 안심한 것 같다.

"자! 이~ 해보세요."

환자의 치아를 살펴본다.

"제가 보기에는 치아가 아주 어둡게 보이지는 않는데 미백을 꼭 하실 필요가 있을까 싶네요."

"제가 좀 치아 색깔에 콤플렉스가 있거든요. 거울을 볼 때마다 자꾸 신경이 쓰여요. 확실히 하얘지는 것은 맞나요?"

"네, 콤플렉스까지 있으시다면 치아미백을 생각해볼 수도 있겠네요. 좀 더 설명을 해드리겠습니다. 치아 색상의 개선 정도는 보통 색상 탭 기준으로 2단계 이상 하얗게 됩니다. 그리고 치아미백은 그렇게 어려운 시술은 아닙니다. 스케일링하신 지가 2년 넘었는데 먼저 스케일링하시고 한 주 정도 후에 미백하시면 됩니다. 오늘은 먼저 스케일링을 하시죠."

"치아미백 후에 주의할 점은 없나요?"

"늘 먹는 음식이 문제지요. 커피, 우롱차, 한약, 와인, 콜라, 초콜릿처럼 치아변색을 일으키는 색소가 많은 음식은 자제하셔야 합니다. 당연히 담배도 안 좋고요."

"어머! 전 커피광인데요. 어떡하나?"

"그렇게 음식에 주의해도 2~3년 지나면 다시 색이 어두워질 수 있으니 그때마다 간단한 치아미백을 받으셔야 치아색을 그대로 유지하실 수 있습니다."

음식을 자제해야 하고 치아미백이 영구적이지 않다는 말에 환자는 다시 고민하기 시작하는 기색이 역력하다.

원장은 웃으면서 덧붙인다.

"고민되시나 봅니다. 하하하! 어차피 스케일링은 받으실 때가 됐으니 오늘은 스케일링만 받으시고 일주일 동안 치아미백을 할지 말지를 잘 생각하셔서 전화로 예약하세요."

어느 치과에서나 흔히 볼 수 있는 장면일 것이다. 사실 치아미백은 기능적으로 보면 전혀 필요 없는 시술이다. 일반적으로 치과치료는 음식을 잘 먹기 위한 것인데 먹고 싶은 음식을 어느 정도는 삼가야 하는 치아미백은 심지어 거꾸로 가는 치료라고도 할 수 있다. 무심코 '환자'라고 했지만 그녀는 분명 병든 사람이 아니다. 단순히 치아색이 조금 어두운 사람을 환자라고 할 수는 없을 것이다. 하지만 치과의원에 왔고 치과 시술을 받으니 어느새 환자라고 불릴 뿐이다.

정신적 만족을 위한 시술로 본다면 마음이 아픈 것으로 볼 수도 있을까? 하지만 예뻐지려는 욕망을 마음의 병이라고 할 수도 없다. 보통 사람이라면 다 가지는 본성일 뿐이다. 결국 자신이 중요하다고 생각하는 가치에 대한 선택의 문제다. 음식을 마음대로 못 먹는 것을 포함해 발생할 수 있는 부작용과 들어가는 비용 및 시간 등을 감안하고, 치아미백의 결과로 얻는 하얀 치아의 가치를 비교해서 환자 스스로 선택할 수밖에 없다. 그런데 환자들과 상담할 때마다 느끼는 거지만 환자들은 의사의 의도에 따라 상당히 영향을 받는다. 아마도 위에 든 사례의 환자도 마음을 결정하는 데 객관적으로 보이는 여러 설명

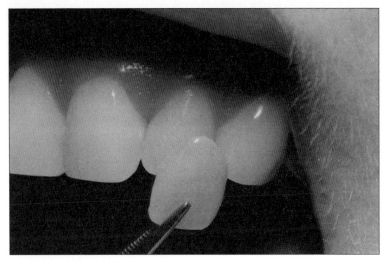

남녀를 막론하고 외모가 점점 중요시되면서 미용 목적으로 치과를 방문하는 환자들이 늘고 있다. 치아를 고르고 하얗게 만들어주는 라미네이트는 그 대표적 시술로, 치아에 별 문제가 없는 사람들도 유행처럼 하고 있다.

속에 숨어 있는 원장의 의도에 많은 영향을 받을 것이다. 따라서 의도까지는 어떻게 할 수 없더라도 예상되는 불편함이나 부작용 정도는 반드시 설명하는 것이 치과의사로서 지극히 당연한 일이다. 아무튼 그녀가 일주일 동안 어떤 결정을 할지 자못 궁금하지만, 또 다른 장면을 보자.

### + 꼭 필요하지 않은 라미네이트를 해야 할까?

그때 갑자기 데스크에서 원장실로 연결된 전화의 벨소리가 울린다.

"원장님! 전화 받으세요! 조카분인데요."

"삼촌! 저예요. 미나예요. 친구들 중에 치아에 라미네이트한 애들이 있는데 이가 정말 하얗고 가지런해서 예뻐요. 저도 하고 싶어요."

이번에 대학에 들어간 귀엽고 씩씩한 조카다.

"그래! 그럼 일단 치과로 와라. 상담하고 점심이나 같이 먹자!"

"네, 제 친구하고 같이 가도 되죠?"

"그럼, 점심 같이 먹으려면 서둘러서 와라!"

미나가 하고 싶다는 라미네이트는 일부 연예인들이 빠른 시간 안에 하얗고 가지런한 앞니를 만드는 방법으로 애용하면서 널리 알려졌다. 원래는 치아를 변색시키는 테트라사이클린(항생제의 일종) 착색, 선천적인 치아 기형으로 인한 변형, 앞니 사이가 벌어져 있는 치아, 부러진 치아, 법랑질(치아의 가장 바깥부분) 손상 등을 치유하기 위해 개발된 치료법이다. 앞니의 법랑질 표면만 최소한으로 깎아낸 후, 손톱 모양의 도자기 비슷한 세라믹 기공물을 만들어 레진 접착제로 붙여놓는 시술이다.

다른 보철치료에 비해 치아삭제량이 적고 자연감과 투명감이 우수하다는 장점이 있다. 당연히 단점도 있는데 라미네이트가 통째로 떨어지거나 일부에 금이 가고 부러질 수 있으며, 치아와의 틈이 변색될 수도 있고, 지나친 치아 삭제로 인해 지각 과민(시린 이)이 올 수도 있다. 라미네이트를 한 뒤에는 앞니로 딱딱한 음식을 먹거나 사과를 깨물거나 옥수수 따위를 먹는 것 등은 삼가야 한다. 빠지거나 깨질 수 있기 때문이다. 일부에서 라미네이트를 치아성형이라 부르기도 하는데, 이는 잘못된 표현이다. 치아성형술odontoplast은 치석과 치태가 끼는 것을 막거나 치주염을 예방하기 위해 치근 표면의 형태를 성형하는 것을 말한다.

그런데 최근에 비교적 정상적인 치아색과 치열인데도 더 하얗고 더 가지런한 치아를 위해 라미네이트 시술을 선호하는 사람들이 늘어나고 있다. TV 속 수많은 연예인들이 눈부시도록 하얀 치아를 뽐내니 그런 유행이 부는 모양이다. 그런데 앞에서 열거한 라미네이트의 부작용들을 정확히 알고 있는지는 의문이다. 앞서 치아미백처럼 장단점을 고려해서 선택해야 할 문제일 것이다. 그런데 치아미백은 치아에 직접 물리적 손상을 가하지 않는 시술이지만, 라미네이트는 치아 일부를 깎아내기 때문에 한번 시술하면 영구적으로 치아에 손상을 입힌다는 점에서 큰 차이가 있다. 그래서 더욱 신중히 결정해야 한다.

점심시간 30분 전에 미나가 친구와 함께 왔다. 갓 대학생이 된 모습이 싱그럽고 아름답다. 이렇게 귀엽고 예쁜데, 더 예뻐지려는 인간의 욕망은 끝이 없는 걸까? 원장은 혼자 이런 생각을 하며, 미나에게 라미네이트 시술의 장단점과 부작용을 설명해주었다. 그러자 해야 할지 말아야 할지 상당히 고민이 되는 눈치다. 미나와 함께 온 친구는 양악수술에 대해 궁금해했다. 엑스레이를 찍고 입안을 살펴봐도 특별한 기능적인 문제나 눈에 띄는 안면 비대칭은 보이지 않는다. 점심시간이 다 돼서 점심을 같이 먹으며 모자란 얘기를 나누기로 했다. 일단 미나의 고민은 조금 유보해두기로 하고 같이 온 친구의 고민을 듣기로 했다.

## ✚ 양악수술, 위험한 유행

"그래, 왜 양악수술을 하고 싶지?"

"네, 저도 아래턱이 갸름한 얼굴이 되면 좋겠어요. 광대뼈도 좀 들어갔으면 좋겠고요."

"요즘 연예인들처럼?"

"네, 바로 그거예요."

"아까 보니까 양악수술을 해야 할 만한 기능적인 문제나 안면 비대칭 같은 것은 없더구나."

미나의 친구는 오직 예뻐지기 위해 양악수술을 하고 싶어 했다. 원래 양악수술은 비정상적으로 발달한 위턱과 아래턱을 동시에 수술해서 턱의 위치와 모양을 바로잡아 생활의 불편이나 장애를 치료하는 시술이다. 그런데 최근에는 연예인부터 미나 친구처럼 일반인까지 단순 '미용'을 목적으로 양악수술을 받는 사람들이 크게 늘고 있다.

"큰 수술이고 부작용도 많고 심지어 사망하는 경우도 있는데, 단지 예뻐지기 위해 그런 수술을 받는 것이 괜찮겠니? 비정상적으로 자란 부분을 깎는 것도 위험한데 너처럼 보통의 정상적인 턱뼈를 더 작게 만들기 위해 깎는 것은 더 위험할 수 있단다."

얼마 전 모 인터넷사이트에서 아래턱뼈를 깎아서 신경이 지나는 관이 거의 없어진 파노라마 사진을 본 기억이 떠올랐다. 원래는 환자가 아니었을 그 환자는 평생을 아래턱의 감각을 상실한 채 식사조차 쉽지 않은 장애인으로 살아가야 할 것이다.

"저도 겁이 나죠. 그래서 인터넷에서 검색도 많이 했고, 미나 따라서 이렇게 직접 알아보고 싶어 찾아왔잖아요?"

출혈과 부종 같은 단순한 부작용부터 아래턱 신경손상이나 안면 신경손상, 턱관절 이상이나 부정교합 같은 발생 가능한 부작용들을 설명해주었다. 미나 친구는 처음보다 더 걱정스런 표정이다.

"걱정만 더 생긴 것 같네요. 생각 더 해봐야겠어요. 근데 만약 수술을 하기로 한다면 어떤 병원이 좋을까요?"

"글쎄, 우선 전신마취를 해야 하니 마취과 전문의가 병원에 있는지 확인해야겠지. 아무래도 구강·악·안면외과, 마취과, 교정과 진료를 한 공간에서 함께 받을 수 있으면 좋겠지."

미나와 헤어지고 치과로 돌아오는 원장의 마음이 무겁다. 미나나 미나 친구 같은 평범한 대학생들이 외모지상주의에 빠져 있는 것이 기성세대의 잘못 때문이 아닌가 자책도 든다. 건강한 아름다움을 추구하는 것은 인간의 본성이고 권장할 일이지만 성형과 미용의 광풍이 불고 있는 지금 세태는 너무 한쪽으로 치우쳐 있는 것이 분명하다. 심지어 중고생들도 화장이 일상이고 성형수술까지 받는다지 않는가?

원장은 만약 딸이 순전히 미용 목적으로 양악수술을 받겠다고 한다면 자신이 보호자인 한 절대 허락하지 않겠다며 고개를 절레절레

흔든다. 하지만 라미네이트나 치아미백이라면 생각이 복잡해질 것 같다. 아름다워지고 싶은 인간의 욕망이 얼마나 크면 이렇게 치아를 깎고 뼈를 깎는 고통을 감수하는 걸까? 그리고 그런 욕망은 왜 생기는 것일까?

## ✚ 미용·성형 열풍을 바라보는 의사의 마음

진화적으로 남성은 건강한 자녀를 낳아줄 여성을 선호했다. 남성의 눈길을 끄는 고운 피부, 풍만한 엉덩이와 가슴, 윤기 있는 머리카락 등은 생식력을 나타내는 주요 신호들이다. 이런 신호들이 '아름답거나 매력적이다'는 선호의 감정으로 느껴지는 것이다. 미를 추구하는 것은 어느 정도 인간의 본성이며 아름다운 얼굴이나 체형을 만들고 유지하는 것은 당연히 바람직하다. 외모 때문에 자존감을 잃고 행복하지 못한 사람에게 미용이나 성형을 통해 자신감을 회복시키는 것도 좋은 일이다. 하지만 인간 사회에서 미의 기준은 시대와 환경에 따라 변한다. 아름다움에 대한 추구가 자연적이지만은 않은 것이다. 그러니 '미인되기 열풍'도 경계할 필요가 있다. 더 잘 살자고 하는 미의 추구가 많은 사람들을 더 불행하게 해서는 안 되기 때문이다.

최근 유행하는 CD 한 장 크기의 얼굴, 지나치게 마른 몸매, 비정상적으로 큰 가슴 등은 미디어나 광고의 영향을 받아 만들어진 미의 기준이다. 진화적으로 보더라도 생식력과 별 상관이 없거나 반대로 생식력을 떨어뜨릴 수 있는 것들도 많다. 심각한 수술 부작용에 심신이 고통 받고 심지어 사망하는 경우도 드물지 않다. 이런 과도하거나 불합리한 미의 기준은 미디어·성형·미용·화장 등 관련 산업들의 이윤 창출을 위한 필사적인 홍보와 광고와 마케팅에 크게 영향을 받고 있다. 최근 일부 치과도 이 대열에 합류한 것 같아 참으로 안타깝다.

특히 신체적 성장이 덜 된 10대에까지 성형 열풍이 번지면서 그에 따른 부작용도 늘고 있다. 이 때문에 최근 복지부가 정하는 성형부위 별 연령 기준에 못 미치는 미용 목적 성형수술을 제한하는 법률이 국회에 제출되었다고 한다. 과학적 근거를 가지고 이런 제한들을 확대하는 것은 당연히 바람직한 일이다. 또한 이런 규제 강화와 더불어 외모지상주의 사회를 근본적으로 되돌아보고 균형 잡힌 태도를 가질 수 있는 다양한 교육·문화·고용 정책들도 동시다발적으로 진행해야 할 것이다.

역사적으로 의학(과학) 지식은 인간에게 도움을 주기도 하지만, 권력화하면서 인간과 자연을 지배하는 도구로 사용되기도 했다. 치과 영역에서도 심미·미용·성형과 관련된 각종 시술들은 과거에는 치료의 대상이 아니었던 것들이 많다. 새로운 치의학적 지식의 생산과 교육이 새로운 질병을, 그리하여 끊임없이 새로운 치료 영역을 만들어내고 있다. 과거에는 환자가 아니었던 사람이 새로운 치의학 지식에 의해 환자로 분류되는 것이다. 충치나 잇몸병 등 전통적인 질병치료에도 이런 지식 권력이 작동하고 있기는 하지만 몸으로 직접 통증을 느끼는 질병이므로 심미 치료에 비해서는 상대적으로 덜 권력적이라고 볼 수 있다. 모든 의료인들은 환자에게 부당한 지식 권력으로 군림하고 있는 것은 아닌지 스스로 끊임없이 경계해야 한다. 나의 지식이 과도한 권력이 되고 있지는 않은지, 환자에게 득이 되는 게 아니라 반대로 해가 되지는 않은지 늘 성찰하며 진료에 임해야 한다.

# 08

# 한번쯤 짚고 넘어가야 할 불편한 치과 이야기들

환자의 입장에서 치과치료를 받을 때 한 번쯤은 확인해보아야 할 것들 몇 가지를 적어본다. 이런 확인은 환자를 위해서뿐만 아니라 치과를 위해서도 필요한 것이며, 환자의 권리이면서도 의무로 볼 수 있는 것들이다.

## ✚ 이거 소독된 거예요?

17,8년 전쯤 치과에서 소독되지 않은 기구를 다시 사용하고, 일회용 물품을 재사용하는 경우가 방송에 보도되어 크게 물의를 빚은 적이 있다. 그즈음 치과계에서도 멸균소독의 중요성이 점차 강조되고 있었는데, 방송을 계기로 다시 한 번 점검하고 가이드라인이 제정되어 치과의 멸균소독 수준이 전반적으로 매우 높아지게 되었다.

그 이전만 해도 치과의사와 직원이 환자를 진료할 때 갑갑하다고 장갑을 안 끼기도 했고, 한 번 사용한 기구를 그저 알콜솜으로 쓱 닦고 다시 사용하는 경우도 많았다. 물론 수술을 한다든지 할 경우에는 장갑과 멸균기구를 사용했지만.

모든 치과치료에 수술실 수준의 엄격한 멸균소독이 필요한 건 아니다. 예를 들어 치과의 진료의자를 매번 치료할 때마다 수술실처럼 멸균소독하고 멸균된 소독포로 덮지는 않는다. 그러나 적어도 환자의 입안으로 들어가는 모든 기구들은 일회용일 경우 다른 환자에게 쓰지 않은 새것이어야 하고, 일회용이 아닐 경우에는 그 종류에 따라 멸균소독이나 표면소독이 된 것을 사용해야 한다.

그런데 아직도 가끔 이런 소독에 대해서 소홀한 치과가 있어 언론에서 지적되기도 한다. 늘 언론이 감시할 수도 없는 일. 환자들 스스로 자신을 위해 자꾸 상기시켜줘야 한다. 병원에 가면 한 번쯤 치과의사나 직원에게 물어보자. "이거 소독된 거예요?" 이 말 한 번씩만 하면 치과의 위생 수준은 더 높아질 수 있다.

## ✚ 뽑을 이가
## 요 이가 맞아요?

대개 의사의 실수는 같은 분야의 다른 의사가 확인해주기 마련이다. 이 달갑지 않은 경험 가운데는 '이를 뽑았는데, 엉뚱한 이를 뽑은 것 같다'는 사례도 있다. 그런데 문제는 사후 대응이다. 치과의사는 분명히 환자가 원하는 이를 뽑았다고 주장했던 것이다. 이럴 때는 우선 진료기록부와 방사선 사진 사본을 받고서 흥분하지 말고 치과의사와 대화하되, 해결이 안 될 경우 의료분쟁조정원이나 소비자보호원에 문의하는 게 현명한 대처법이다. 당시 진료기록에는 7을 6으로 고쳐 쓴 흔적이 있었고, 이를 뽑기 전에 촬영된 방사선사진에는 틀니의 지대치로 쓰던 6번과 심한 충치에 치조골 파괴가 있는 7번 치아가 보였다. 이 정도면 명백한 치과의사의 실수다. 굳이 전문가의 조력까지 필요 없을 정도로…….

치과의사도 인간인지라 당연히 실수를 한다. 흔치는 않지만, 환자가 오른쪽이 아팠다고 한 진료기록을 보고 오른쪽을 마취했으나 정작 환자는 왼쪽이 아팠다고 해서 다시 마취를 하는 일도 발생한다. 치과에서 이런 저런 실수는 적지 않게 생긴다.

실수를 줄이기 위해서 진료기록과 방사선 사진을 여러 번 검토하고, 직원과 환자에게 습관적으로 재확인해야 한다. 누워 있는 환자는 아무래도 의사표현하기가 어려운지라, 여러 번 확인하는 것이 실수를 줄이는 가장 좋은 방법이다.

환자 입장에서는 매번 치료 전에 자신의 치아 상태를 치과의사에게 자세히 설명하고, 치과의사로부터 오늘 어떤 치료를 어느 치아에 왜 하는지 설명 듣고 치료를 시작하는 게 가장 좋다. 분주한 진료 과정에서 치과의사에게 매번 이렇게 설명을 듣는 게 어렵기는 하나, 이는 사실 환자로서의 당연한 의무이자 권리이다. 진료는 의사와 환자 간의 대화이자 소통이며, 서로의 의무와 권리를 성실히 주장할 수 있을 때 좋은 진료가 이루어진다.

## ✚ 뽑은 내 이를 돌려받고 싶어요

처음 아이의 이를 뽑은 부모는 아이의 젖니가 빠지고 영구치가 나오는 것을 신기하게 생각하고, 빠진 젖니를 기념으로 간직하고 싶어 한다. 그런데 원칙적으로는 의료기관에서 적출된 생체조직은 적출물 처리법에 따라서 처리해야 한다. 따라서 치과에서는 빠진 이를 환자와 보호자가 요구해 환자나 보호자가 가져간다는 내용의 문서에 서명하게 하고 나서 준다. 이는 젖니뿐 아니라 어른의 영구치에도 해당된다.

금값이 비싸지면서 길거리에서 '금니 삽니다'라는 문구가 붙어 있는 가게를 심심치 않게 보게 된다. 예전에는 과거에 씌웠던 금니나 보철물을 제거할 경우 환자들이 이를 달라고 요구하지 않았고, 치과에서는 이것들을 처리해서 금이나 현금으로 회수했다. 그러나 경제가 어려워지고 금값이 오르면서 돌려받기를 원하는 환자가 많아졌다. 그래서 요즘 치과에서는 이렇게 제거된 보철물을 앞서 언급한 대로 문서에 서명하고 환자가 가져가도록 하는 곳이 생겨나고 있다.

가져가는 것을 싫어하거나 귀찮아하는 환자들도 물론 있다. 가져가지 않은 폐기 금보철물이나 그것을 제작·조정·연마하는 과정에서 나오는 금가루 등은 모아서 폐금업체에 맡겨 처리하여 현금이나 정제

된 금으로 회수한다. 요즘에는 이렇게 모은 금액을 저소득층 아동을 돕는 사업—예를 들어 건강사회를 위한 치과의사회에서 하는 '틔움과 키움' 사업—같은 곳에 기부하는 경우가 많다.

## ✚ 치과의사들은 탈세의 주범?

심심치 않게 세무조사나 탈세와 관련한 보도에서 치과의사들이 변호사나 성형외과의사와 함께 전문직 탈세의 주범으로 언급된다. 치과의사 입장에서는 매우 자존심 상하고, 이런 보도가 나간 뒤에는 한동안 환자들이 치과의사를 탈세범으로 보는 것 같아 불편하기도 하다.

물론 20~30년 전만 해도 치과의사들의 탈세는 너무 당연한 관례(?)였다고 한다. 지금도 치과는 성형외과를 제외한 다른 의료직종보다 보험치료가 차지하는 비중이 낮은데, 과거에는 거의 10%도 안 될 정도로 매우 낮았다. 또 신용카드 결제가 지금처럼 많지 않고 거의 현금으로 치료비를 결제했다. 당연히 치과의사들이 얻는 소득을 제대로 파악하지 못했고, 소득신고도 실제에 매우 못 미쳐 탈세가 쉽게 이루어질 수 있었다.

치과의사의 소득은 건강보험에서 지불한 금액에 의해 파악되기 때문에, 건강보험 청구를 많이 하면 그만큼 세금을 많이 내야 하므로 건강보험 청구를 실제보다 적게 하는 편이 오히려 좋다는 내용이 새로 개원한 신참 치과의사들에게 알려주는 선배들의 치과경영 노하우에 치과의사들의 탈세가 많이 줄어들기는 했지만 여전히 일부 치과에서는 거액의 탈세를 자행해 물의를 빚고 있다. 여기엔 고액 비보험치료가 많다는 특성이 작용하는 측면도 있다. (『한국일보』, 2013년 1월 17일)

포함되기까지 한 시절이 있었다.

그러나 지금은 그렇지 않다. 신용카드 결제가 대폭 확대되고, 현금 영수증 발급이 의무화되면서 거의 모든 치과진료소득이 국세청의 전산망에 포착되어 치과의사들에 대한 소득파악률이 매우 높아졌다. 사정이 이렇게 되니, 요즘 치과계에서 가장 인기 있는 강의는 '치과 건강보험 많이 청구하는 방법'에 대한 강의이다. 그만큼 시절이 바뀐 것이고, 치과의사들의 (탈세하기) '좋은 시절'은 더 이상 아닌 것이다.

납세정의를 바라는 환자라면 그것을 치과에서 실현할 수 있는 가장 좋은 방법은 카드결제를 하든가, 적은 액수라도 현금영수증을 요구하는 것이다. 혹여 카드결제가 아니라 현금결제를 하면 금액을 할인해주겠다고 하는 치과가 있다면, 그 치과는 아직 탈세를 하고 있는 가능성이 있는 치과이니 유의하시길……

## 내 이를
## 치료하는 사람은 누구?

사람들은 치과에서 치과의사가 모든 치료를 다 하는 것으로 잘못 알고 있기도 하다. 물론 치과의사가 대부분의 치료를 하지만, 치과에는 치과의사만 있는 것이 아니라 치과위생사와 간호조무사도 있고 일부 치과에선 치과기공사가 함께 일하기도 하며, 진료업무에는 종사하지 않지만 병원행정업무를 전담하는 일반 직원이 따로 있기도 하다.

그런데 환자의 구강을 직접 만질 수 있는 것은 치과의사와 치과위생사뿐이다. 가끔은 간호조무사나 치과기공사 혹은 일반직원이 환자의 구강을 직접 만지기도 하는데 이것은 현행법상 불법이다. 특히 문제가 되는 것은 스케일링이라고 하는 치석제거다. 치석제거는 치과의사와 치과위생사만 할 수 있는데, 일부 치과에서 간호조무사나 일반직원이 해서 의료법 위반으로 문제가 되는 경우가 있다.

사실 여기에는 어쩔 수 없는 현실의 문제가 있기도 하다. 매년 치과위생사가 적지 않게 배출되지만, 아직까지 일반 치과에서는 치과위생사를 구하기가 쉽지 않다. 게다가 대부분 여성이다 보니 결혼과 육아 문제 등으로 인해 현직에 오래 남아 있는 경우도 많지 않다. 또 여타 직종과 마찬가지로, 처우나 환경이 좋은 대도시나 대형 치과 위주로 인력이 몰리다보니, 지방이나 작은 치과에서는 오랫동안 근무할 치과위생사를 구하기가 힘들다. 잘 지내고 있던 치과위생사가 어느 날 갑자기 이직하거나 그만두게 되면 당장 일손이 딸리고 어쩔 수 없이 간호조무사가 치석제거를 하게 되는 경우도 있다. 치과전문 간호조무사 제도를 도입하려는 시도가 있기는 하지만 이 또한 여러 문제가 있어서 쉽지 않은 상황이다.

치과위생사 구인난을 해결하기 위해서는 여러 가지 제도적 보완이 필요하다. 하지만, 현실을 핑계로 자격이 없는 인력이 치석제거를 하는 것은 안 될 일이다. 환자의 입장에서는 용납될 수 없는 일 아닌가. 2013년 철도노조 파업 때 인력이 부족하다고 제대로 된 교육을 받지 못한 인력을 투입했다가 사람이 죽는 사고가 발생했다. 치석제거가 사람이 죽는 사고가 날 치료는 아니지만, 무자격자의 의료시술은 어떤 경우라도 있어서는 안 될 일이다.

2부

이 아픈
사회의 이야기

CHAPTER

# 01

# 살기 힘든 사람들은
# 씹기도 힘들다
## 입안을 보면 신분도 보인다

# 입안을 보면
## 그 사람의 삶이 보인다

사람들이 치과의사가 된 옛 친구를 오랜만에 만나면, 정겹게 이야기 나누다 으레 꼭 하는 말이 있다. "나 이빨이 엄청 안 좋은데 한번 찾아가도 되냐? 좀 싸게 해줄 수 있어?" 생활이 바쁘고 어렵다 보면 비싼 치과치료 받기가 쉽지 않기 때문인지, 치과의사들은 이런 이야기를 많이 듣곤 한다. 물론 그렇게 안 좋다고 하는 사람들 중 정말 심각한 사람은 열에 하나 정도이고, 대개는 그리 심각한 상태가 아니다. 그래서 치과의사들도 흔쾌히 "그래, 내가 잘 치료해줄게. 한번 찾아와라"라고 답하곤 한다.

그렇지만 개중엔 정말 심각한 치아 상태인 경우도 있다. '이 친구, 도대체 어떻게 관리를 했기에 치아 상태가 이 지경인가……' 하는 탄식이 절로 나오기도 한다. 그동안 살면서 얼마나 고생을 했을지, 이가 저렇게 되도록 변변히 치료 못한 사정은 또 어떠했을지 익히 짐작이 간다. 삶의 사연들은 얼굴 주름살에만 나타나는 게 아니다. 이렇게 입 안에서도 보인다.

그래서 때로 치과의사가 점쟁이인 양 농담처럼 한마디를 던지기도 한다. 스트레스를 많이 받은 사람은 으레 이가 많이 닳아 있기도 하고, 잇몸도 안 좋고, 치아에 이런저런 손상이 많다. "젊어서 고생이 많으셨나봐요"라고 하면 대부분 들어맞는다. 그리고 말은 못하지만, 입 안에 번쩍이는 금으로 씌우거나 때운 것이 많거나, 임플란트를 많이 심은 이들은 '재력에 여유가 있을 테니 고급재료나 비싼 치료에도 쉽게 동의하시겠군……'이라고 짐작하기도 한다. 그런 짐작 역시 대개 틀리지 않는다. 치과의사도 오래하다 보면 반 점쟁이가 된다.

## ✚ 사회경제적 격차에 따른 구강 건강의 격차

하지만 당연하게도 틀리는 경우도 많다. 특히 얼굴만으로 먼저 보고 치아 상태를 예측할 때가 그렇다. 하루는 얼굴도 예쁘장한데다가 화장도 깔끔하게 한 젊은 여자 분이 진료의자에 앉았다. 젊고 예쁜 아가씨기에 보통의 다른 아가씨들이 그렇듯이 스케일링이나 미용적인 문제로 왔거니 하고 생각했는데, 진료기록부에 기재된 환자의 걱정 내용은 '충치가 많아요'였다. 아가씨들은 미적인 문제에 예민해서 치아에 약간의 착색 정도가 있어도 전부 충치라고 생각하고 치과에 오는 일이 많아, 처음엔 이 환자분도 지레 걱정을 하고 왔을 것이라 짐작했다.

"충치가 많아서 오셨다구요? 어디 제가 입안을 확인해볼까요?"

"……."

'휴~'

입안을 들여다본 후 잠시의 침묵이 흐르고 한숨이 나왔다.

어금니 절반 정도는 다 썩어서 뿌리만 남았고, 아래 앞니를 제외하곤 거의 모든 치아가 심각할 정도의 충치였다.

"상태가 많이 심각하네요. 엑스레이와 구강 사진을 찍어서 확인하고 설명해드리겠습니다."

치과위생사에게 엑스레이 촬영과 구강 사진촬영을 부탁하고 환자의 진료기록부를 다시 한번 살펴보았더니, 이 환자는 의료급여 1종 환자였다.

젊은 여성이 의료급여 1종인 경우는 드문데, 어떤 사연이 있었는지까지는 모르겠으나 아마 이 여성은 어려서부터 치아건강을 방치했으며, 경제사회적 이유로 치과 방문을 포기했을 것이다. 그러다 이제야 사회생활을 시작하려는 상황에서 치아 상태를 개선해보고 싶어서 병원에 온 것이리라.

사진으로 찍은 구강상태를 보여주면서 여러 개의 이를 뽑아야 하고, 신경치료를 해야 하며, 씌워야 한다는 것을 설명했다. 상태가 이렇게까지 된 것은 잇솔질 등 구강관리에 소홀했고, 단 음식이나 음료를 많이 섭취하기 때문이니 줄여야 한다는 것. 정기적인 불소도포 등의 구강관리를 위해 정기적으로 내원해야 한다는 것도 이야기했다. 환자는 단 음식과 음료를 자주 먹는다고 고백했다.

그러나 환자는 이날 치석제거와 잇솔질 교습을 받은 이후 우리의 연락에도 바쁘다며 더 이상 내원하지 않았다.

## ✚ 왜 이 환자는 이렇게까지 구강건강이 악화되었을까?

의료급여 1종은 국민기초생활보장수급자 중 근로무능력세대, 107개 희귀난치성 질환자가 속한 세대, 시설 수급권자, 행려환자, 이재민, 의사상자, 국가유공자 등이 대상이다. 2011년 기준으로 약 108만 명 정도로, 전체 인구의 2~3%에 해당한다. 이들은 정말 가난한 국민이다. 예컨대 성남 본시가지의 경우 저소득층 비율이 매우 높으며, 의료급여 대상 어린이들은 조손가정이거나 한부모가정, 또는 보호자가 질병 등의 이유로 경제력이 없는 경우가 많다. 이런 가난한 집의 아이들은 치아가 안 좋을 개연성이 아주 높다. 그 원인은 대체로 다음 네 가지 유형이다.

첫째, 가난하면 구강건강에 대해 관심이 적다.

앞서의 환자도 아마 청소년기를 그런 처지에서 살았을 것이다. 보호자가 아이의 구강건강에 관심을 갖고 관리해주거나 문제가 있을 때 치과에 데려가지 못했을 것이고, 아이도 극심하게 아프지 않으면 굳이 무서운 치과를 찾지 않았을 것이다.

치과치료는 아동·청소년이 혼자서 해결할 수 있는 일이 아니다. 상태가 아주 악화되기까지 꽤 오랜 시일이 걸려 잘 티가 나지 않는 충치의 경우에는 더 세심한 관심과 보호가 필요하다. 가정에 결손이 있거나 경제적으로 힘들면 아이의 치아에 대한 사소한 불편(음식이 껴요, 찬 것 먹으면 시려요 등등)에 크게 신경을 쓰지 못하고 방치하거나 치료를 미루게 된다.

둘째, 가난하면 치료를 포기한다.

어쩌면 몇 번 치과를 찾았을지도 모른다. 치료해야 할 충치가 많았을 것이고, 몇 개는 씌워야 한다는 이야기를 들었을 것이다. 의료급여 환자는 건강보험치료는 거의 무료이나, 이를 씌우는 것은 건강보험 적용이 전혀 되지 않으며, 충치치료의 경우에도 어금니 치료에 쓰이는 금 인레이나 앞니 치료에 주로 쓰이는 광중합복합레진은 보험 적용이 되지 않는다. 환자의 가정은 감당하기 어려운 어마어마한 액수의 돈이 든다는 '견적'을 받았을 것이고, 환자는 아마도 아픈 것만 겨우 해결하고 치과에 다시 가지 않았을 것이다.

셋째, 가난하면 충치에 취약하다.

그 여성 환자는 얼굴을 예쁘게 하는 데 신경을 많이 쓰는 듯이 보였다. 그런 환자는 예쁜 치아를 갖기 위해서 이 닦는 데도 신경을 상당히 쓴다. 그런데 이를 잘 닦는다고 충치가 안 생기는 것은 아니다. 그 환자에게 충치를 안긴 주범은 '단 음식'이다. 가난한 가정일수록 고기는

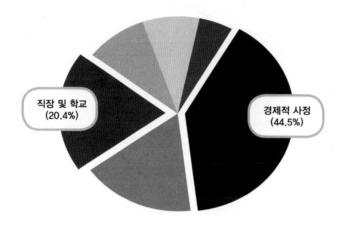

**사람들이 치과를 가지 않는 이유**

직장 및 학교
(20.4%)

경제적 사정
(44.5%)

사람들이 치과를 가지 않는 이유 1위는 단연 압도적으로 경제적 사정이다. 사람의 입안이야말로 빈부격차가 가장 격심히 드러나는 현장인 것이다.(출처: 국민건강보험공단 2009. 7)


물론 과일과 야채의 소비가 적다고 한다. 반면 쉽고 싸게 구할 수 있는 인스턴트 음식의 소비가 많다. 이들 음식은 자극적으로 짜서 여기에 입맛이 길들여지면, 청량음료 소비까지 덩달아 늘어난다. 게다가 가난이 주는 스트레스 또한 단 것을 먹으면 일시적으로 해소되므로 더욱 단 음식을 찾게 만든다. 결국 단 음식과 청량음료에 중독되면, 아무리 하루 세 번 잇솔질을 해도 더 자주 먹은 이들 충치 원인 물질의 침략을 이겨내지 못하게 되는 것이다. 더구나 입안에 치료되지 않은 충치로 인해 충치균이 잔뜩 있는 상황에서야 오죽하랴. 가난은 식습관이라는 통로를 통해서 치아를 충치에 더욱 취약하게 만든다.

넷째, 어려서 가난하면 성인이 되어도 구강상태가 나쁘다.

어려서 가난하여 망가진 입안 건강은 성인이 되어도 회복하기 어렵다. 이제 한국 사회에서는 저소득층이 중위 계층 이상으로 상승 이동하는 것 자체가 어렵다. 성인이 되어도 저소득층이면 여전히 치과치료를 포기하여 구강건강을 망치기 쉽다. '바쁘다'는 핑계를 대는 경우가 많지만 사실 '돈이 없어서' 치료를 포기한 것일 터이다.

또한 충치가 생겨서 치료를 하거나 뽑았을 때 그걸로 끝이라면 좋으련만 그렇지가 않다. 치료에 사용한 충전재가 빠지거나 깨지거나 하면 치료한 주위로 또 충치가 생기기 쉬우며, 이가 빠진 상태를 오래 방치되면 그 주변 치아와 잇몸은 안 좋은 방향으로(치아가 기울어지거나 솟거나 치주병이 생기는 등) 변화한다. 한 번 사고가 나서 수리한 차는 수리를 아무리 잘 했어도 사고 나지 않은 차에 비해 성능이 떨어지고 잔 고장이 잘 나듯, 한 번 문제가 생긴 치아는 평생 문제를 안고 산다고 볼 수 있다. 가난한 집에 태어난 것이 아이의 잘못이 아닌데, 아이는 평생 벌을 받고 살아야 하는 것이다. 이걸 어쩔 수 없는 일이라고 여기는 사회에 미래가 있겠는가.

## ✚ 통계로 확인해본 구강건강 불평등

치아우식 유병률이란 지금 현재 치료되지 않는 충치치아를 가지고 있는 사람의 비율인데, 치료를 했거나 뽑은 치아는 제외된다. 대개 나

**사회경제적 위치에 따른 치아우식 유병률**

| 사회경제적 위치 | 6세~11세<br>아동 영구치 | 12~18세<br>청소년 영구치 | 19~64세<br>성인 영구치 | 65세 이상<br>노인 영구치 |
|---|---|---|---|---|
| 1(하위) | 11.0 | 41.4 | 43.6 | 32.4 |
| 2 | 10.5 | 34.1 | 38.7 | 30.9 |
| 3 | 7.2 | 27.2 | 35.3 | 30.6 |
| 4(상위) | 5.5 | 27.1 | 29.1 | 24.5 |

(출처: 신보미, 「구강건강 불평등에 대한 측정도구별 특성비교」, 강릉 원주대학교, 2013년)

이가 들수록 늘어나고 이를 많이 뽑은 노인이 되면 오히려 줄어든다.

위 표를 보면 충치를 가진 사람의 수가 하위계층으로 갈수록 늘어남을 확인할 수 있다. 아동의 경우 최상위계층은 100명 중 5.5명이 치료하지 않은 충치를 갖고 있으나 최하위계층은 100명 중 11명으로, 치료하지 않은 충치 숫자가 2배 차이다. 만일 전체 충치의 개수를 셌다면 차이가 더 클 것이다.

그리고 이러한 차이는 큰 변동 없이 청소년, 성인, 노인으로 이어지고 있다. 노인에게서 큰 차이가 나지 않는 것은 저소득층의 노인들이 충치를 다 뽑아 틀니를 하는 경우가 많기 때문이다.

어렸을 때의 충치 문제가 중요하기 때문에 아동과 청소년을 대상으로 한 충치예방 치료는 사실 건강보험에서 해줘야 마땅하다. 대표적인 충치예방 방법이 치면열구전색이다. 치아홈메우기(실런트)라고도

**소득분위별 치면열구전색 건수(2011년 1월~2013년 8월)**

| 분위별 | 실수진자 | 지급건수 | 비율 |
|---|---|---|---|
| 최하1분위 | 194,019 | 435,400 | 12.8% |
| 2분위 | 133,745 | 300,680 | 8.9% |
| 3분위 | 208,178 | 465,700 | 13.7% |
| 4분위 | 408,514 | 904,407 | 26.6% |
| 최상5분위 | 580,699 | 1,288,644 | 38.0% |

(출처: 김미희 의원실, 건강보험공단제출 자료 분석)

하는데, 어금니 등의 씹는 면에 있는 깊은 홈에 충치가 잘 생기므로 여기를 매끄러운 레진으로 메꾸는 치료법이다. 의료급여대상자와 농어촌 어린이를 대상으로 보건소와 보건지소에서 국가사업으로 해오다, 2010년 11월부터 건강보험을 적용하기 시작했다.

그런데 위의 표에서 보듯 치아홈메우기의 이용실태 역시 소득분위별로 현격한 차이가 난다. 하위 1·2·3분위에 비해 상위 4·5분위의 건수가 확연히 높은데, 하위 2분위에 비해 최상위 5분위는 4배가 넘는다.

그 이유는 여러 가지를 생각할 수 있다. 하위계층 어린이의 경우 이미 충치가 시작되어 치아홈메우기를 할 수 없는 경우가 많을 것이다. 또 사회경제적인 이유 때문에 치과 자체를 잘 가지 않을 것이고, 치아홈메우기를 할 때 본인부담금(치아 1개당 약 1만 원 가량)이 부담되어

이용하지 못할 수 있다. 좋은 보험제도이기는 하나 이렇게 이용 현황이 소득별 불평등을 보인다면 하위계층의 이용률을 높일 수 있도록 제도 개선이 필요하다.

## ✚ 구강건강
## 불평등의 해결을 위해서

이렇듯 사회경제적 불평등으로 인한 구강건강 불평등이 심각하다는 걸 '건강사회를 위한 치과의사회'를 비롯한 치과계와 시민단체는 예전부터 인식하고 있었다. 그래서 구강건강 불평등을 줄이기 위해 다양한 노력을 해왔는데, 그 대표적인 것이 수돗물불소농도조정사업이다. 수돗물을 이용하는 누구든 충치예방효과를 얻어 가기에, 결과적으로 구강건강의 불평등 해소에 기여할 수 있다. 물론 수돗물이 공급되지 않는 지역에는 다른 방식의 불소이용법을 제공할 수 있을 것이다.

치과의사가 없는 무치의촌에 치과의사를 배치하는 사업 역시 그러한 노력의 일환이다. 우리나라에서는 치과가 없는 지역의 보건소나 보건지소에 공중보건치과의사를 배치해서 저렴한 비용으로 치료를 하고 실런트와 불소도포 등 충치예방 시술을 하도록 해왔다. 그러나 최근에는 공중보건치과의사가 부족해서 어려움을 겪고 있다. 따라서 군복무를 대신하는데 그치고 있는 공중보건치과의사를 정규직으로 채용하여 공공치과의료를 확대하고, 비보험 치료에 대한 지원을 저소득층에 집중해 저소득층이 치과에 부담없이 쉽게 다가갈 수 있도록 하는 게 꼭 필요하다.

적어도 아동·청소년 시기에는 치과의료에 대한 접근성을 획기적으로 확대해야 한다. 그 시기에는 치과진료를 받는 데 어떠한 경제적 장애도 받지 않도록 본인부담을 완전히 없애고, 주치의제도로 정기적인 구강검진과 교육을 통해 위험요인을 줄여주어야 한다. 성인의 경우에도 정기적인 구강검진을 내실화하고 의무화해서, 적어도 구강검진과 치주병 예방을 위한 치석제거(스케일링) 등에 대한 경제적 부담을 줄여 초기에 치료를 받을 수 있게 해야 한다.

여기엔 건강보험의 본인부담률 문제도 중요하다. 현재는 환자가 일반적인 치료에는 전체 비용의 30%를 부담하며, 노인틀니의 경우에는 50%까지 부담하기도 한다. 치과치료에서 보험이 차지하는 비중을 고려할 때, 본인부담률이 너무 높은 셈이다. 쉽게 이용할 수 있을 정도로 낮추어야 한다.

**CHAPTER**

# 02
# 노인에게
# '씹을 권리'를 허하라!
## 노인틀니 건강보험,
## 이것이 문제다

# 가난한 노인들의 입안 사정

가난한 동네와 부자 동네의 풍경은 사뭇 다르다. 치과에 찾아오는 환자들의 모습도 그러하다. 가난한 동네에서 진료를 하다 보면 폐지가 담긴 손수레를 끄는 할머니 할아버지들을 하루에도 서너 명씩 마주칠 수 있다. 그런 분들도 가끔씩 치과에 이를 빼달라고 찾아오는데, 성한 이가 거의 없어 틀니가 꼭 필요한 분들이 대부분이다. 그렇지만, 그분들은 대개 틀니를 할 생각이 전혀 없다. 여러 번 권해도, "요놈만 빼줘~"라고 하며 넘어간다. 그 말인즉슨 '이 이만 뺄 거고, 틀니는 안 할 거야'라는 의미다. 사실 폐지 주워 연명하는 형편에 100만 원이 넘는 틀니값은 엄두가 나지 않을 것이다. 그리고 그런 사정을 뻔히 알면서 계속 권하는 것도 의사 입장에서 못할 짓이라, 원하는 대로 아픈 치아만 하나 빼게 된다.

이처럼 치과를 찾는 노인들은 자연치아를 치료하기보다 그냥 뽑아서 당장의 통증만 넘기려는 경우가 많다. 임시변통인 줄은 알지만 그편이 싸게 먹히기 때문이다. 그나마 사정이 나아 틀니치료를 받았던 환자라 해도, 해넣은 틀니가 닳거나 상해서 아파도 틀니를 새로 하기보다는 그저 아프지 않게만 손봐달라는 이들이 많다. 올 때마다 "웬만하면 참을 텐데, 너무 아파서 밥을 못 먹어"라고 미안해하며. 틀니의 인공치아가 다 닳고, 틀니를 건 생니가 썩어 흔들리면 틀니를 새로 해야 하건만 비용 마련이 쉽지 않은 것이다. 치과의사라면 누구나 이런 안타까운 상황을 겪는다.

그런데 이제는 노인틀니에 건강보험이 적용되니 참으로 반가운 일이다. 틀니 치료가 필요한 몇몇 환자에게 "조금만 더 기다렸다가 보험되면 하시라"고 미리 귀띔하곤 했던 의사들도 많을 것이다. 그런데 보험 적용 이후에도, 틀니가 불편해서 오시는 분들 중 틀니를 새로 하시겠다는 분이 별로 없었다. 우선 75세라는 연령 제한이 발목을 잡기도 하고, 나이가 된다 하더라도 새 틀니를 하기엔 여전히 비용이 만만찮은 것이다.

## ✚ '노인틀니'에<br>건강보험이 절실했던 까닭

틀니를 한자로 쓰면 의치義齒라고 하는데, 이가 빠진 자리에 해넣는 인공니를 말한다. 그런데 치과에서는 의치와 틀니가 조금씩 다른 의미로 통용된다. 의치는 치아에 붙박힌 고정성 의치(크라운과 브릿지)와 환자 스스로 넣었다 뺐다 할 수 있는 가철성 의치(완전틀니와 부분틀니)로 나누는데, 이 가철성 의치를 가리켜 흔히 틀니라고 한다.(노인틀니 역시 이런 의미로 사용되는데, 뒤에서 살피겠지만 이런 용어 혼선은 노인틀니 건강보험의 급여 영역을 좁게 묶어두는 데 일조하고 있다.)

고정성 의치 가운데 크라운은 손상된 치아를 씌우는 것이고 브릿지는 빠진 치아의 앞뒷니를 연결해 새 치아를 만들어 넣는 것인데, 상한 치아가 너무 많거나 주변에 연결할 만한 이가 없을 때 시술하는 것이 틀니나 임플란트다. 이때 틀니를 지지할 수 있는 이가 몇 개라도 남아 있다면 부분틀니를, 쓸 만한 치아가 하나도 없다면 완전틀니를 한다. 노인틀니라고 여기서 더 별난 구석이 있는 건 아니다. 그러면 왜 틀니 일반이 아니라 '노인틀니'에 건강보험을 적용해야 할까?

쉽게 생각하면 틀니를 필요로 하는 사람들 대부분 노인이기 때문이겠지만, 좀 더 들여다보면 노인틀니 보험이 사회경제적으로 곤궁한 처지에 몰린 우리 사회 노인들의 건강에 최소한의 안전망이기 때문이다. 많은 노인들이 건강이 좋지 않으며, 건강이 나쁠수록 치아 상실 위험도 크다. 이가 없어 잘 씹지 못하면 식생활이 순탄하지 않아 영양 불균형이나 결핍이 따라오는데, 자연히 건강을 더 크게 망치기 마련이다. 노인틀니는 이런 악순환을 끊는 데 최우선적으로 요구되는 '씹는 기능' 회복에 가장 요긴한 방편이다.

그런데 불행히도 한국은 OECD 노인빈곤율 순위표 꼭대기에 오른

나라다. 틀니 비용을 스스로 감당할 수 없는 노인들이 너무 많다. 70세 이상 연령층의 54%가 오로지 경제적 이유로 치과치료를 포기한다. 현재 노년층은 전국민을 대상으로 건강보험이 시행되기 전에 젊은 시절을 보낸 터라 치아가 상해도 제때 치료받기 힘들었다. 그만큼 아래 세대보다 구강건강이 쉽게 나빠질 공산이 크다. 그런데도 나이 들어 겨우 건강보험 혜택을 보려 치과를 찾았는데 정작 필요한 틀니는 보험이 안 된다니……. 상황이 이런데도 정치권과 정부에서는 노인틀니를 지원하겠다고 약속하고서는 재정을 핑계로 식언하기를, 줄잡아 20여 년 동안 반복해왔다. 치과가 본래 보험 적용에서 짜다지만 노년층 입장에서는 그야말로 노인을 위한 치과는 없었던 세월이었다.

## ✚ 보험이 돼도 틀니를 못 하는 까닭

2012년 7월 1일, 마침내 75세 이상 노인의 완전틀니에 건강보험급여가 적용되었다. 석 달 후에는 틀니 수리에, 이듬해 7월부터는 부분틀니에까지 건강보험이 확대되었다. 의료계·시민사회가 틀니보험을 놓고 정부와 벌인 지난한 줄다리기 끝에 이룬 경사였다. 이는 한국 공공의료사에 기록될 만한 소중한 성취이며, 복지사회를 향한 일보전진이라 할 만하다. 그러나 마땅히 기뻐해야 할 일임에도 개운치 못한, 찝찝한 기분이 남는다. 왜일까? 앞서 소개했듯 정책 시행 뒤에도 노인틀니 건강보험 이용률이 턱없이 낮기 때문이다.

보건복지부는 완전틀니에 보험급여를 시작하면서, 대상자 194만 명 가운데 완전틀니 수요를 98만 악, 이용률을 67.4%로 잡고 약 66만 악을 제작하리라 내다봤다. 그런데 2012년 말까지 만들어진 것은 4만 악에 불과했다. 나머지 62만 악은 어디로 갔을까?

먼저 기초 산수부터 틀렸다. 이용률은 연간이용률인데, 보험급여는 하반기부터였으니 복지부에서 두 배로 과다 계산한 것이다. 둘째, 이용률을 지나치게 높게 잡았다. 보건복지부와 한국보건사회연구원이 발간한 「2011년 국민보건의료실태조사－의료이용분석결과」에 따르면 75세 이상 노인의 치과이용률은 21.5%에 머물러 있다. 정부 예상치가 세 배로 뻥튀기된 것이다. 사업 초기라 보험혜택이 충분히 알려지지 않았다는 점을 감안해도 완전틀니가 필요한 노인의 치과이용률은 10% 남짓할 것으로 예상되며, 첫 1년간 약 10만 악 정도가 제작될 것으로 보인다. 이는 앞서 밝힌 75세 이상 노인의 치과이용률의 절반에 불과하다.

## ✚ 낮아졌지만 여전히 넘을 수 없는 장벽, 본인부담률을 더 낮춰야

저조한 이용률은 틀니의 건강보험 적용이 노인들의 치과 진입 문턱을 전혀 낮추지 못하고 있음을 가리킨다. 일반적으로 치과이용률은 간단한 충치나 잇몸치료, 정기점검까지를 포함한 수치다. 이런 분야는 비교적 소액으로 치료가 가능하며 사실상 '무상의료'에 가깝다. 그러나 고액의 비급여치료인 보철이나 임플란트는 노인들에게 거대한 장벽이다.

애초 노인틀니 보험급여화의 목적은 틀니가 필요하지만 주머니사정이 여의치 않은 노인들의 부담을 덜어주고자 함이었다. 그런 취지에서 총 치료비(진료수가)를 약 30% 정도 낮추고, 여기에 본인부담률을 50%로 제한함으로써 보험 적용 이전과 비교해 환자가 35% 정도만 비용을 감당하도록 설계됐다. 즉, 과거엔 평균적으로 틀니 치료에 드는 140만 원 전액을 부담해야 했다면, 보험이 됨으로써 50만 원 정도만 내면 틀니를 가질 수 있게 된 것이다. 단순 셈법으로는 흠잡을 데 없는 제도다. 그런데 대체 결과는 왜 이런가? 많은 노인들에게는 그렇게 낮춰 잡은 50만 원조차도 감당키 힘든 금액인 때문이다.

2009년 서울시 통계에 따르면 75세 이상 노인의 월평균소득이 89만 원이며, 이 중 의료비 지출은 16만 원이었다. 비슷한 시기 한국은행은 소득 하위 20%에 해당하는 도시근로자 가구에서 생활비의 39.9%를 병원비로 쓰고 있다고 밝혔다. 여기에 서울시 75세 이상 고령자 가구의 76.3%는 한 달 벌이가 중위소득의 절반에 못 미치는 빈곤층이라는 점을 생각하면 줄인다고 줄인 본인부담금 50만 원조차도 그들에게 얼마나 큰돈일지 짐작이 간다.

이런 사정이다 보니, 일부 지방자치단체에서는 저소득층 노인의 보험 틀니 본인부담금을 지원하기도 한다. 인천 동구와 제주도의 경우 기초생활보장 수급자 등에게 본인부담금 전액을, 기초노령연금 수급자에겐 본인부담금 50%를 지원하는 조례를 제정했다. 반가운 일이지만 재정 불안에 시달리는 지자체의 지원엔 한계가 엄연하고, 지자체별로 복지가 이렇게 차이가 나는 것도 바람직하진 않다. 물론 기초생활 수급자같이 형편이 더 어려운 노인에게는 본인부담률을 무상에 가깝게 해주어야 하나, 노인 계층의 상당수를 빈곤계층으로 보아야 하는 우리나라의 현실에서 최선은 본인부담률 절대값을 낮추는 것이다. 현재 추세라면 노인틀니 재정은 해마다 정부 예측치의 1/5정도만 사용될 것으로 보인다. 예산만 확보하면 뭐하겠는가. 금고에 잠든 돈으로는 건강을 살 수 없다. 현재의 본인부담률 50%를 30%로 낮추는 데 투자하자. 큰돈 들 것 같지만 그렇지 않다. 환자 부담이 줄어들어 이용률이 높아진다 하더라도 애초 정부 예측치의 1/3 정도면 감당할 수 있다. 그리해도 노인틀니에 쓰고자 했던 건강보험재정의 2/3가 남는 셈인데 그 돈이면 보험 대상 연령을 70세, 65세로 점차 확대해갈 수 있을 것이다.

## ✚ 부분틀니가
## 반쪽자리 보험인 까닭

한 해 뒤에 마련된 부분틀니 보험도 문제가 심각하다. 완전틀니 보험은 본인부담금이 골칫거리인 데 비해 부분틀니엔 '지대치支臺齒보철 보험 제외'라는 복병이 하나 더 있다. '지대치'는 부분틀니나 브릿지에서 지지대 역할을 맡는 치아로, 지대치가 충치나 잇몸병·파절 등으로 망가지거나 뽑히는 경우엔 틀니까지 다시 만들어야 할 만큼 중요한 부분이다.

그런데, 지대치로 쓸 수 있는 건강한 자연치아가 75세 이상 환자들에게 과연 잘 남아 있을까? 치과에서 만난 어르신 환자들의 자연치아는 충치나 파절·마모가 있거나, 지대치로 쓰기에는 곤란한 형태로 씌워졌거나, 잇몸이 약해 흔들흔들하여 뽑아야 하는 경우가 대부분이다. 따라서 부분틀니를 하려면 어떤 식으로든 지대치를 보강하는 치료가 선행돼야 하는데 건강보험급여 항목엔 그게 쏙 빠져 있다. 자전거를 주면서 바퀴는 빼고 주는 격이랄까. 완전틀니가 그렇듯 저소득층 노인으로서는 본인부담금 50%도 부담되어 망설이는 판에, 전액 환자 부담으로 지워질 '지대치 보철'까지 감당하라면 과연 치과의사를 찾을 엄두가 나겠는가.

어쩌면 이는 노인 '틀니'라는 용어에서부터 문제가 생겼다고 볼 수도 있다. 틀니 보험이라고 하면 일반인들은 틀니에 필요한 보철까지 당연히 포함되겠거니 여길 것이다. 그런데 치과계는 전문가의 함정에 빠져 틀니를 가철성 의치로만 좁혀 봤기 때문에 지대치 보철을 제외하는 데 동의했고, 늘 건강보험 재정 안정에 목매는 정부는 정부대로 어찌되건 '틀니'는 보험이 되는 것 아니냐며 빈틈 많은 정책을 그대로 밀어붙인 것이다. 이렇듯 언어가 의식을 규정한다. 앞으로는 조금 복잡하더라도 '노인의치보철 보험급여'라는 말로 바꾸어 부를 것을 제안한다. 그렇게 해서라도 틀니와 지대치 보철뿐 아니라, 치아를 씌우는 크라운과 임플란트 보철까지 포괄적으로 보험치료가 될 수 있도록 유도하자. 노인에게도 씹을 권리가 있다.

## ✚ 보험 틀니에 관한
## 오해와 진실

보험 틀니는 질이 나쁘다? 보험 틀니라고 저급의 재료를 사용하는 것은 아니다. 오히려 오랜 기간 임상을 거친 재료만 사용하도록 되어 있다. 치과의사나 치과기공사의 노력이나 정성이 덜 들어가는 것도 아니다. 그럼에도 이러한 오해가 생기는 것은 완전틀니의 경우 '레진상床' 완전틀니만, 부분틀니의 경우 '클래스프 이용' 틀니만 보험 틀니로 인정한다는 것이다. '금속상床' 완전틀니나, '어태치먼트 이용' 부분틀니 같은 좀더 특수한 소재의 틀니를 사용해야 하는 경우가 있는데, 건강보험의 성격상 고가의 특수 틀니는 아직 혜택에서 빠져 있는 것이다. 일반적인 틀니 환자의 경우엔 보험 틀니만으로도 충분하다.

남아 있는 자연치아의 상태가 좋지 않으면 다 뽑고 완전틀니를 하는 게 좋다? 완전틀니에만 선택적으로 보험이 적용된 1년 동안, 보험 틀니 혜택을 받기 위해서 지대치로 쓸 수 있는 치아를 뽑아내고 완전틀니를 하는 사례가 꽤 있었다. 그러나 이젠 부분틀니에도 보험이 적용되므로, 남은 이가 흔들리지 않고 튼튼하다면 뽑지 않고 살려 쓰는 것이 좋다. 물론 충치가 심해서 씌워야 할 경우라면, 씌워야 하는 비용과 치아의 예후, 뽑았을 때의 장점과 단점에 대해서 치과의사와 충분히 상의해 결정해야 한다. 틀니로 잘 씹고 오래 사용하기 위해선 불가피하게 이를 뽑아야 되는 경우도 종종 있다.

CHAPTER

# 03

# 치과 생협
## 환자가 믿을 수 있는 치과,
## 환자가 만드는 치과

# 좋은 치과
## 좀 소개해주세요

건강사회를 위한 치과의사회에 종종 이런 전화가 걸려오곤 한다. "이가 아파서 치료를 받아야 하는데, 저희 집 주변에 건치회원 치과가 있으면 알려주세요."

이런 문의를 들으면 이런저런 사업과 정책을 추진하면서 국민 구강건강을 위해 노력해온 건치에 대한 국민의 신뢰를 확인하는 것 같아 조금은 뿌듯한 마음이 들면서도 치과를 소개하는 것은 의료법상 '유인 알선'에 해당하는 불법이라 소개를 하지는 못한다. 그래서 "건치는 회원의 치과를 소개하거나 안내하고 있지 않습니다"라며 사정을 설명하고 양해를 구한다.

한편으로는 죄송한 일이다. 이를 치료해야 할 환자가 좀 싸고 믿을 만한 치과를 찾으러 일부러 문의한 것일 텐데 도움을 주지 못하다니……. 어느 치과에 가건 믿고 치료받을 수 있다면 이런 문의전화가 없을 테지만, 안타깝게도 아직은 치과계가 그런 정도에 이르지 못한다는 방증일 것이다. 오히려 최근에는 영리형 네트워크 치과가 활개치면서 믿을 만한 치과 찾기는 더 어려워지고 있다. 건치를 비롯해 의식 있는 치과의사들이 더 노력할 일이다.

그렇지만 현실에서 여전히 문제는 남는다. 어떻게 하면, 국민들이 믿을 수 있는 치과를 쉽게 찾아갈 수 있을까?

## ✚ 좋은 치과를 만드는 사람들

우리가 음식점을 찾아갈 때 이 음식점에서 불필요한 첨가물을 넣지 않는지, 유통기한이 지난 식자재를 쓰지 않는지, 식기는 청결하게 하는지 일일이 확인해볼 수는 없다. 가장 확실하고 안전한 음식은 집에서 해먹는 음식이다. 가족의 건강을 생각하며 요리한다면 불량식품을 사용하거나 비위생적인 조리를 하지 않을 것이다.

이런 생각을 치과에도 적용하고자 하는 사람들이 있다. 치료를 받는 주민이 '협동조합'을 만들어 치과를 직접 운영하자는 것이다. 바로 의료생협 치과다.

2013년 12월 8일, 서울 성동구청소년수련관 무지개극장은 뜨거운 열기가 가득했다. 9월말 첫 발기인 모임을 시작해서 불과 두 달여 만에 지역주민, 치과의사, 치과위생사, 지역단체 등 500여명의 조합원을 확보하여 의료복지사회적협동조합인 '건강한 치과'(가칭)의 창립총회를 연 것이다. 이렇게 짧은 기간에 목표 조합원수와 목표출자금을 달성하게 될 줄은 아무도 예상하지 못했다.

조합원들의 구성은 지역주민과 치과의사 등 다양했지만, 공통된 바람은 하나였다. '안심하고 쉽게 다닐 수 있는 치과를 만들고 싶다'는 것이었다.

지역주민이야 말할 것도 없이 믿고 찾아갈 수 있는 치과를 갖고 싶었고, 주로 건치 소속인 치과의사 조합원들은 건치가 바라는 좋은 치과를 협동조합의 형태로 구현해보고자 하는 바람이 있었으며, 시민단체 회원들은 의료의 공공성을 실현하는 치과를 만들고자 했다. 이렇게 서로의 소망을 합쳐 의료생협 치과라는 새로운 실험을 시작한 것이다. 이 실험은 과연 성공할 수 있을까?

## ✚ 환자가 중심이 되는 의료생협

이런 꿈을 꾸고 실천해왔던 곳은 성동구 말고도 많이 있다. 이전에 이미 다섯 곳의 의료생협 치과가 만들어졌다. 서울생협 우리네치과의원, 인천생협 평화치과의원, 안성생협 치과의원, 대전생협 민들레치과의원, 안산우리생협 치과의원이 바로 그곳들이다. 이 치과들은 주민참여형 의료생협을 모태로 탄생하여, 지역주민들의 치아 주치의 역할을 해왔다.(의료생협도 개인의 이익을 목적으로 협동조합의 껍데기만 쓴 채 개설한 곳들도 있다. 이 글은 협동조합의 본래 취지에 맞게 운영하고 있는 주민참여형 의료생협을 중심으로 썼다. 이들 주민참여형 의료생협은 의료복지사회적협동조합으로 전환을 했거나 전환을 준비중이다. 앞으로는 제대로 된 의료생협을 찾을 때에는 번거롭지만 '의료복지사회적협동조합'이라는 긴 이름으로 찾는 편이 좋다.)

여기서 잠시 의료생협 병원들의 운영철학과 현황을 살펴보자. 주민참여형 의료생협은 1994년에 안성에서 처음으로 만들어진 이후 지금까지 열다섯 곳 정도가 설립되었다. 의료생협에서 운영하는 의료기관은 치과 말고도 의원, 한의원, 가정간호사업소, 요양시설 등 다양하다. 조합원이 많아지고 힘을 집중할 방향이 잡힐 때까지 수년이 넘도록 조합원 건강모임 등의 활동만 하는 곳도 있고, 작은 의료기관을 만들어 조심스럽게 사업을 시작하는 곳도 있다. 여러 병원의 운영경험을 바탕으로 요양시설 등의 규모 있는 사업을 타진하는 의료생협도 있다.

의료생협은 '건강'을 중심으로 한 협동조합이다. 조합원들이 출자해 자금을 모으고 조합원들이 직접 병원 및 시설의 주인이 되어 의료진을 고용하는 것이 의료생협의 방식이다. 의료생협 조합원들은 혼자서는 지키기 어려운 건강을 의료생협 병원의 주치의와 함께 꾸준히 관리한다. 아플 때 치료받는 것뿐만 아니라 아프지 않을 때 건강을 지켜나가는 활동이 더 중요하다는 건 상식이지만, 치료에 급급한 일반 병원에서는 이런 도움을 만나기가 쉽지 않다. 그러나 의료생협의 의사

주민들이 병원을 만들고 의사와 함께 지역 사회의 건강을 설계하는 의료생협이 늘고 있다. 이용자인 조합원이 중심
이 되기 때문에 기존의 병원들보다 더욱 환자 편에 서서 진료를 할 수 있다.(『시사IN』, 248호, 2012년 6월 16일)

는 나와 내 가족의 주치의, 우리 동네의 주치의가 된다.

원주의료생협이 운영하는 '우리동네의원'은 고작 1~2분 정도의 진
료가 관행인 일반 병·의원과 달리 6분 진료를 원칙으로 삼고 있고,
'밝음한의원'에는 환자의 체질에 맞지 않으면 보약을 말리는 이상한
(?) 한의사가 있다. 의료생협 소속 의원은 전국 의원 평균보다 항생제
처방률도 낮을 뿐만 아니라 주치의로서 건강관리 활동에 신경을 많이

쓴다. 안산의료생협의 경우 요가, 텃밭모임, 영어교실 등 조합원이 참여할 수 있는 프로그램을 16개 이상 운영한다. 환자의 건강을 중심에 둔 시스템이기에 가능한 일들이다.

## ✚ 조합원이 주인인 치과! 어떤 모습일까?

그렇다면 의료생협에서 운영하는 치과는 어떤 모습일까? 다음은 의료생협에서 치과를 개설하는 과정에서 나타나는 모습들을 간단히 요약해본 것이다. 조합 방식의 치과를 만드는 데는 어떤 고민이 필요할까?

치과를 만들자는 조합원의 요구가 커지고 있다. 이사진은 고민을 하기 시작한다. 지금의 조합 살림을 평가해보고 조합원이 늘고 있는 추세도 따져본다. 제대로 된 보고서가 나와야 새로 일할 분들의 부담을 조금이나마 덜 수 있을 것이다.

(…)

올해 조합원총회의 가장 큰 화두는 치과 개설 문제였다. 의원, 한의원을 개설한 후 지난 몇 년 동안 어려움도 많았지만 조합원들은 경영에 대한 자신감과 이용하면서 느낀 만족감을 표출하고 있다. 그것이 이제는 치과 개설 요구로까지 이어지고 있다.

(…)

하지만 치과 개설에는 여러 어려움들이 있다. 시설투자에 들여야 할 비용이 만만치 않다. 좋은 치과의사를 찾을 수 있을지도 문제다. 어떤 의료생협은 치과를 열어 놓고도 막상 치과의사를 구하지 못해 1년 가까이 진료를 하지 못한 적도 있었다. 그래도 의료생협에서 만든 치과들 중 아직까지 문을 닫은 치과는 없다. 어렵더라도 일단 만들면 조합의 힘으로 끌고 갈 수 있지 않을까.

(…)

새 이사진은 치과 개설을 위해 뛰어보기로 결정했다. 총회에서 나타난 조합원들의 지지와 응원은 큰 힘이 된다. 조합원들도 개설비용을 마련하기 위해 조금씩 출자를 더 하기로 했다. 주위 분들에게 의료생협을 알려서 조합원도 늘려야 한다. 생협에서 만드는 치과에 관심을 보이는 사람들이 새로 조합에 들어올 것이다.

(…)

조합원들은 어떤 치과를 원할까? 조사를 해본다. 믿을 수 있는 치과, 비싸지 않은 치과, 건강을 지켜주는 치과, 편안한 치과 등등 여러 요구들이 있다. 그런 치과를 만들 수 있는 방안을 고민해본다.

(…)

치과의사 면접을 본다. 의료생협에 대해 모르는 분들이 많이 문의한다. 솔직히 걱정이 크다. 의사가 조합원들의 관심과 참견(?)을 달가워하지 않으면 어떡할까? 진료는 잘할까? 예방활동이나 건강교육처럼 당장 경영에 도움이 안 되는 일에도 열정을 보일까?

(…)

기나긴 준비과정을 거쳐 드디어 치과를 개원한다.

조합원의 의견을 모으고 고민하여 여러 준비 끝에 치과를 개설해도, 원활히 운영해나가는 건 쉬운 일이 아니다. 조합원들은 저렴하고 좋은 치료를 원한다. 하지만 막상 운영자의 입장에서 예산을 잡고 치료비를 조정하다 보면 현실이 그리 녹록치 않다는 걸 느끼게 된다. 일반 치과와 비슷한 수준의 치료비를 책정하더라도 수익을 내는 것은 쉬운 일이 아니다. 더욱이 의료생협은 비싼 치료비를 받을 수도 없지 않은가. 조합원들이 치과를 행복하게 이용하려면 좋은 진료와 적당한 치료비·편안한 분위기·세심한 관리 등의 요건이 있어야 하지만, 그만큼 중요한 것이 활동의 지속성이다. 즉 적자를 내면 안 된다. 조합원들은 기본적으로 독지가가 아니라 사업가이다. 적자를 계속 떠안을 수는 없는 것이다. 결국 '저렴한 치료비'를 포기하고 '비싸지 않은 치료비' 정도에서 타협하게 된다. 의료생협 치과라고 해서 현실을 무시할 수 있는 건 아니다.

세상에는 좋은 치과도 있고 그렇지 못한 치과도 있다. 의료생협에서 운영하는 치과보다 어떤 면에서는 더 나은 치과도 많을 것이다. 하지만 의료생협 치과가 확실하게 좋은 점이 있다. 환자가 의료의 중심에 서고, 문제점이 개선될 수 있다는 점이다.

보통 환자가 치과에서 뭔가 만족스럽지 않으면 다른 치과를 찾아가게 된다. 그래서 치과 입장에서는 무엇이 문제였는지 모르는 경우가 많고, 다른 환자들은 계속 문제를 겪게 된다. 의료생협에서는 다르다. 환자는 조합사무실로 찾아가거나 자신에게 치과를 소개한 조합원에게 자신이 생각하는 불만을 토로하고, 그 내용은 정리되어 치과로 피드백된다. 그러면서 문제가 해결될 수 있다. 10여 년 전 "치과가 깨끗하지 못하다"는 TV 고발프로그램이 큰 이슈가 된 적이 있다. 치과계에서도 이 문제로 한창 시끄러웠다. 한 의료생협 치과에서는 이 문제로 조합원과 모임을 가졌고, 치과의 청결과 관련해 해결해야 할 문제들을 짚어냈다. 그 이후 청결과 위생은 지금까지도 그곳의 조합원들이 관심을 갖고 항상 주시하는 평가영역이다.

스스로 이런 치과를 만들어 자신은 물론 동네의 다른 이웃들도 믿고 다닐 수 있는 치과를 만드는 멋진 일이 힘들지만 가능하다. 혼자 꾸는 꿈은 그저 꿈이지만, 같이 꾸는 꿈은 현실이 된다는 말처럼.

CHAPTER

# 04

# 나의
# 덴탈홈은 어디에?

## **"많이 불편하시면
치료받으러 나오세요"**

치과의사들은 어깨 통증으로 종종 고생한다. 아주 가끔은 옷 입기가 불편할 정도로 아프기도 하지만, 대부분은 딱히 통증이라고 하기에는 그렇지만 운동 후 근육통은 넘어서는 그 정도의 불편함과 뻑뻑함 같은 것을 느낀다. 진료할 때 바른 자세를 유지하기 위해 노력하지만 그래도 어깨가 안 좋으면 운동과 스트레칭을 더 열심히 하고, 좀 더 불편하면 스포츠 마사지를 받고, 그래도 통증이 지속된다 싶으면 치료를 받는다. 그러나 이렇게 나름의 어깨 통증 관리법을 터득하고 스스로 관리하기까지, 돈은 돈대로 써도 어깨는 계속 아파서 혹시 큰 문제가 있는 것은 아닐까 하는 불안감을 거쳐왔기 십상이다. 딱히 큰 문제가 있는 것은 아니어도 불편한 어깨 증상의 원인은 무엇인지, 그 원인이라는 것이 무슨 근육과 어디 어디 인대에 문제가 있는지, 무엇보다 왜 이런 증상이 생긴 것인지, 생활에서 무엇을 조심하고 어떻게 운동하며 관리하는 것이 도움이 되는지 그리고 앞으로 증상이 어떻게 될 것인지 등등이 궁금해도 이에 대한 친절한 답변이나 가이드를 얻기 어려웠던 경험은 누구나 있을 것이다. "많이 불편하시면 나오세요." 들을 수 있는 이야기는 딱 거기까지다. 병원에서 치료 외에 사소한, 그러나 자신에게는 매우 절실한 문제들에 대한 조언을 듣기는 이렇게 어렵다. 체계적인 관리는 더욱 기대하기 어렵다.

이런 경험들을 하다 보면, 참 우리나라 의료가 질병 중심이라는 생각이 절로 든다. 질병 중심? 다른 말로 한다면 진단된 질병에 대한 치료행위 중심이라는 것이다. 약을 처방한다거나 수술을 한다거나 검사를 한다거나 하는 것들이 중심이다. 그 중심에 '나' 대신 질병이 있고 의사는 나를 대신해 질병과 싸우는 전사다. 치과의사도 마찬가지다. 하루 대부분을 충치나 잇몸질환을 치료하면서 지내지만 정작 그 환자에게는 왜 자꾸 충치가 생기는지 어떤 문제가 있는지 잘 말해주지 못한다. 충치의 원인을 좀 더 확실히 파악하고 치료할 건 치료하더라도 재발을 줄이거나 예방하기 위해 환자와 충분히 이야기를 나누지는 못하고 있는 게 현실이다.

핑계를 대자면 많은 환자들이 "급한 것만 해결해주세요"라고 요구한다는 점이다. 아마 치료비가 많이 드는 치과의 특성 때문일지도 모르겠다. 하지만 근본적으로 우리 건강보험 체계 자체가 교육과 관리는 뒷전이고 치료행위 중심인 탓도 크다. 이른바 행위별 진료수가체계 말이다. 현실이 그렇다 보니 어떤 질병이나 증상을 예방하는 방법이나 영향을 미치는 생활습관에 대한 해답은 주로 대중매체나 인터넷에서 구하게 된다. 그런데 불특정 대중을 대상으로 알려주는 일반적인 방법이나 내용이 바로 나 개인에게 정말 적절하고 좋은 것이라는 보장은 없다. 오히려 나쁜 결과를 초래할지도 모른다. 왜? 사람은 모두 각자 다르므로. 이것이 개별화된individualized(!) 전문가적 교육과 지도가 필요한 이유이다. 개인별 맞춤형 관리가 필요한 것이다. 건강한 삶이 인간의 가장 기본적인 욕구라 할 때 적어도 건강과 의료 영역에서는 이런 서비스가 제공되는 시스템이 구축될 수는 없는 걸까?

## ✚ 나에게 맞는
## 맞춤 치료의 중요성

치료 중심의 진료체계와 개인맞춤형 예방과 관리가 기반이 되는 진료체계가 어떻게 차이가 나는지 치과에서 겪는 일상적인 경험을 통해서도 쉽게 생각해볼 수 있다. 진료를 하다 보면 환자들의 불평을 듣게 되는 일이 종종 있다. "치과를 정기적으로 다닌다고 다니는데도 치과에 왔다 하면 충치가 생겼다고 하고, 치료해야 한다 하고. 그렇게 충치 치료 한 번 하면 적은 돈이 드는 것도 아니고……."

치과의사 입장에서도 곤혹스러운 일이 아닐 수 없다. 작년에 충치 치료한다고 거의 한 달 동안 일주일에 두세 번씩 치과를 다닌 아이가 1년 만에 정기검진을 왔는데 또 몇 군데 충치 치료를 해야 되는 상황이라면, 같이 오신 어머니에게 다시 아이 상태와 치료계획에 대해 말을 꺼내는 게 쉽지가 않다. 충치를 보험이 되지 않은 치아색의 레진이나 금 인레이 같은 것으로 몇 개만 치료해도 100만 원을 훌쩍 넘기기가 십상이니 말이다.

어떻게 이런 일이 생기는 것을 막을 수 있을까? 무턱대고 자주 내원하도록 해도 의미 없는 검진이 반복되다 보면 이를 소홀히 하기 쉽고, 간격을 6개월이나 1년으로 늘려서 정하다 보면 앞에서와 같은 일들이 종종 생기게 된다. 결국 시간이나 치료비 측면에서 가장 효율적이고 경제적인 관리를 하기 위해서는 개별적인 충치 발생 위험도를 평가하고 그 수준에서 적절한 내원 주기를 정해 예방관리 처치를 해야 하는 것이다. 그러나 현실은, 치료 후 얼마 지나지 않아 충치가 또 생기게 되는 난처한 상황을 한두 번 겪고 나서야 그 환자에 한해 좀 더 자주 나와서 검진받도록 하는 것이 고작이다.

우리는 아직도 치료를 얼마나 아프지 않게 하는지, 혹은 수술을 얼마나 잘 하는지를 잣대로 병원이나 치과를 평가한다. 그러나 충치를 잘 치료하는 것만큼이나 중요한 것이 충치가 잘 생기지 않도록 관리해주는 것이다. "당신은 충치가 매우 잘 생기는 편이므로 3개월에 한 번씩 내원해서 예방처치를 받으세요"라거나, "당신은 충치가 잘 안 생기는 편이고 집에서 관리도 잘 되는 편이므로 1년에 한 번씩 검사받으세요." 이렇게 다음 내원 예약을 들은 적이 있는가? 어떤 사람은 3개월마다 치과에서 검진을 하고 예방관리를 받는 것이 필요하고, 어떤 사람은 6개월에 한 번씩 치아 사이의 충치를 체크하기 위해 방사선 사진을 찍어보아야 한다. 사람마다 충치가 발생되는 정도가 다르고 진행의 양상도 다르다. 그것을 얼마나 잘 분류하고 평가해서 관리하느냐가 중요하지만, 우리나라 의료 제도나 환경은 예방과 관리 중심으로 이루어지도록 뒷받침해주고 있지 못하다.

## ✚개별화된 예방과 관리를 제공하는 덴탈홈

미국소아과학회는 1992년 메디컬홈medical Home 정책을 발표한다. 그후 메디컬홈 시스템이 질환이 생겼을 때 내원하는 이전 방식과 비교하여 소아의 건강관리에 훨씬 효율적이고 진료비도 상당히 경감되어 경제적이라는 연구들이 나왔고, 이에 자극을 받아 미국소아치과학회에서도 '덴탈홈Dental Home' 개념에 근거한 소아구강건강관리정책을 시행하고 있다.

덴탈홈은 간단히 말해 치과 영역에서 혹은 구강건강서비스와 관련하여 편안하고 지속적이며 안정적인, 우리들의 집과 같은 근거지를 만들어주자는 것이다. 충치가 생기고 나서야 치과를 찾는 것이 아니라 생후 6개월, 첫 젖니가 날 때부터 늦어도 생후 1년 전에는 치과에 방문해 검진과 예방 프로그램을 진행하게 된다. 아이들의 구강상태에 따라 충치가 얼마나 잘 생기는지를 파악하고, 거기에 맞춰 필요한 교육과 정보를 제공한다. 성장과 다이어트 습관도 컨설팅해주고, 덴탈홈 안에서 해결되지 않는 문제는 전문의에게 의뢰한다. 물론 그전에 충분히 의과의사나 교육 및 보육 담당자, 언어치료사, 심리치료사 등과 서로 네트워크를 이뤄 아이와 아이 가족을 중심으로 구강건강을 증진시키기 위해 서로 협력한다.

어린이와 청소년만을 대상으로라도 각자의 메디컬홈과 덴탈홈을 마련하자는 정책이 시행된 이후, 이미 많은 연구 조사에서 이런 일관되고 지속적이며 포괄적인 건강서비스가 건강 수준을 높이며 경제적이라는 사실이 입증되고 있다. 이러한 긍정적인 효과의 핵심은 바로 개별적 접근, 즉 환자를 중심에 놓고 개별 특성을 고려해 관리와 교육을 실시하고 적절한 치료 프로그램을 제공한다는 점에 있다.

아이들마다 충치 발생 정도나 양상은 매우 다르다. 어떤 아이는 잇솔질을 잘 하지 않는데도 불구하고 비교적 이가 튼튼한데, 어떤 아이는 정기적으로 치과를 찾을 정도로 열심히 관리한다고 하는데도 충치가 자주 생긴다. 유전적인 요인, 식습관, 잇솔질 습관 등등이 다르기 때문이고 치아의 배열상태나 씹는 방식, 치질의 상태 등도 거기에 영향을 미친다. 그런 이유로 미국소아치과학회는 아이들의 충치 발생 위험 정도를 개별적으로 평가하고, 거기에 맞추어 예방과 관리 프로그램을 운용하도록 권장하고 있다. 중등도의 충치 발생 위험이 있는 경우는 6개월 간격으로, 그보다 높은 경우는 3개월마다 불소도포를 권장한다. 결국 아이들에 따라 적절한 예방관리 프로그램도 달라질 수밖에 없는 것이다. 필요하면 다이어트 관리까지도 부모와 보육·

교육 담당자들과 협조하여 진행하고 있다.

덴탈홈의 효과가 좋은 또 다른 이유는 치과의사와 소아환자 및 가족과의 관계가 지속적으로 유지된다는 점이다. 그로 인해 아주 초기의 충치는 치료하지 않고도 관리하면서 다시 단단하게 회복시킬 기회를 갖게 된다.

치과에서는 대개 아주 초기의 충치도 치료하는 경향이 있다. 진료하면서 늘 부딪히는 문제 중 하나가 치료를 할 것인가 아니면 관리하면서 지켜볼 것인가 하는 문제다. 손댄다고 다 능사가 아닌 것이 치료로 인해 나중에 다시 충치가 발생할 확률이 더 높아질 수도 있기 때문이다. 그리고 귀중한 치아인데 당연히 손대지 않을 수 있다면 가능한 한 손대지 않는 것이 좋다. 돈도 덜 들 테고.

이럴 때 판단에 영향을 미치는 것이 환자가 꾸준히 치과에 찾아올지 여부다. 지속적인 관계를 맺으면서 관리가 된다면 일단 경과를 관찰할 가능성이 높은 경우라도, 지속 관리가 어렵다면 그냥 충치 치료를 하는 편을 택하게 된다. 충치가 더 진행될 가능성이 높기도 하거니와 그렇게 될 때 치과의사로서의 책임성 문제도 있기 때문이다. 종종 충치의 개수가 치과마다 다르게 나와 치과의사들에게 의심의 눈초리를 보내는 경우가 있는데, 충치의 개수가 다르다기보다는 치료를 필요로 하는 충치의 개수가 치과마다 다르다는 게 정확한 표현이다. 치료할 것인가 관리하면서 지켜볼 것인가 하는 문제에 대한 판단이 치과의사마다 다른 것이다. 그 판단에는 여러 가지가 영향을 끼치겠지만, 분명한 것은 환자가 정기적으로 찾아오리라고 본다면 치료가 필요한 충치 개수는 줄어들 수 있다.

결국 개별적 상황과 필요에 맞추어 지속적으로 관리가 이루어진다면 과잉진료도, 작은 질병이 방치되어 악화하는 일도 피할 수 있다는 이야기다. 그리고 이것이 덴탈홈 정책의 중심 개념이자 목표다.

## ✚ 아동·청소년 치과주치의제의 시범적 시행

우리가 사용하는 용어 중에서 덴탈홈 개념에 가장 근접한 것이 '주치의제'일 것이다.(여기서 말하는 주치의는 메디컬드라마에 나오는 입원환자의 주치의사와는 다른 것이다. 병원에서 현재 사용하고 있는 주치의라는 명칭은 담당의사 혹은 책임의사 정도의 의미에 가깝다.) 다른 점을 짚어보자면, 주치의 개념이 일대일의 지속적 관계를 통한 진료 제공이라는 제도적 측면이 강조되고 있다면, 덴탈홈은 부모와 관련 전문가 간 협조를 포함하여 예방과 관리 중심의 포괄적인 네트워크 형성을 강조하는 내용적·정책적 측면이 강조되어 있다는 것이다. 하지만 메디컬홈이나 덴탈홈을 주치의제로 이해해도 크게 틀린 건 아니다. 메디컬홈이나 덴탈홈 등의 제도는 의료영역이 매우 상업화되어 있는 미국에서조차 예방과 관리 중심의 1차 의료를 어떻게 생각하고 있는지 잘 보여주고 있다는 점에서 시사하는 바가 크다.

다행히도 2012년 서울시에서 아동·청소년 치과주치의제를 시범적으로 시행했다. 치료뿐만 아니라 구강검진, 구강보건교육 및 예방치료를 체계적으로 제공하기 위해 치과주치의를 선정해서 등록하도록 하고 지속적으로 구강건강관리 서비스를 제공하도록 했다. 1년이 지난 후 설문조사를 통해 보호자와 아동, 참여 의료진도 상당히 만족하는 것으로 평가되었다.

매우 반가운 일이다. 시행 지역도 적었고 제공된 진료의 내용도 제한적이고 정량적 치료에 치우치긴 했으나, 일관되게 한 치과의사가 교육·예방·관리를 포괄적으로 제공했다는 점에서 상당한 의미가 있다. 앞으로 양적으로 확대되고 질적으로 업데이트해 나갈 수 있는 출발점이 될 것이다. 우리의 모든 아이들에게 치과주치의를 만들어주고 덴탈홈을 지어주자.

## ✚ 아쉽지만 단골의사라도

어른들의 상황이라 해서 별로 나을 건 없다. 그나마 아이들은 엄마아빠의 손을 잡고 정기적으로 치과에 다니는 데 비해 어른들은 바쁜 일상에 쫓겨 아프지 않으면 1년에 한 번 스케일링 받는 것조차 빠트리기 십상이다. 대부분 이가 아프거나 문제가 있을 때만 치과를 찾는다. 그리고 어느 치과를 가야 할지 고민한다. 어느 병원을 가는 것이 좋을지 결정하는 것은 끝도 없는 인터넷 쇼핑의 바다에서 맘에 딱 맞는 구두를 고르는 것보다 어렵다. 때문에 의료계에 있는 지인에게 물어보거나 주위의 입소문에 의존하게 된다. 온라인 세대라면 치료 후기나 댓글이 입소문을 대신할 것이다. 주로 치과는 어디가 싸다거나, 혹은 어디가 안 아프게 잘 한다거나 꼼꼼하다거나.

그런데 사실 진료비야 당장 비교가 되겠지만 진료의 질에 대한 평가는 쉬운 일이 아니다. 더욱이 오래 겪어보지 않고 단기간에 치료 결과를 평가하는 것은 가능한 일이 아니다. 그래서 불안하고, 불안하기에 사소한 문제로 불신하게 되고, 그러다 보니 쉽게 다른 곳을 찾게 되곤 한다.

최근에 다양한 임플란트를 심은 채로 치과를 찾아오시는 분들을 드물지 않게 볼 수 있다. 늘 사용하는 회사의 임플란트 제품임에도 제품간의 호환성 문제로 구비해야 할 것이 매우 많고 복잡한데, 국내에서만도 수십여 종이 사용되고 있다. 따라서 문제가 생겼을 때 대처하는 것은 그 임플란트를 시술한 치과가 아니고서는 불가능한 경우가 많다. 시술한 치과가 이전해버려서 관리를 받을 수 없다고 환자가 하소연하면 맘으로는 전적으로 관리해주고 싶어도 난감하기만 할 뿐이다. 다소 드문 사례이긴 하지만, 어른들 역시 아이들 경우처럼 지속적으로 개별적인 평가에 기초하여 관리받아야 하기는 마찬가지다.

그러나 늘 현실적 여건이 문제 아니던가. 그렇다면 그나마 취할 수 있는 차선책은 뭘까?

가능한 한 단골병원, 단골치과를 만들라고 권하고 싶다. 믿고 다니는 곳이 없다면 동네에 있는 치과를 단골로 만드는 것이 경제적이면서 관리의 질을 높일 수 있는 방법이다. 어떤 곳을 단골치과로 정하면 될까? 여전히 어려운 문제이지만 한 가지 힌트를 줄 수는 있겠다. 아프지 않고 건강할 때 스케일링과 구강검진을 받으면서 단지 스케일링을 아프지 않게 하는지에만 관심을 두지 말고 내 잇솔질 습관을 꼼꼼히 체크해주는지, 전체적인 구강 상태에 관심을 가지고 관리해주는지, 치과의사가 내 구강건강과 관련한 궁금증이나 질문에 대해 관심을 가지고 잘 답변해주는지도 눈 여겨보시라. 몇 군데 다녀보는 것도 좋겠다. 그리고 결정했다면 꾸준히 다니시라. 다행히 2013년부터 연 1회 스케일링은 보험 적용이 된다. 적어도 1년에 한 번은 보험의 지원으로 스케일링을 받고 구강검사를 꼼꼼히 받을 수 있게 된 것이다. 구강건강 관리 측면에서는 상당한 진전이다.

치과에서도 내원하는 사람들의 개인적 특성을 최대한 파악하고 정보를 축적해나가야 한다. 아주 기본적으로는 온몸의 건강상태와 특성부터 충치나 잇몸질환에 대한 위험의 정도도 개별적으로 평가해나가야 한다. 이러한 개인적 특성에 맞춰 체계적으로 관리할 수 있는 콘텐츠들을 준비해나갈 필요가 있다. 제도적 측면에서도 예방과 관리가 포괄적으로 이루어질 수 있는 환경을 만들어주어야 함은 물론이다.

CHAPTER

# 05

# 치아보험 이야기

## ✚ 민간 치아보험의
## 폭발적 성장세

요즘 케이블TV의 광고나 홈쇼핑의 상품 중 가장 큰 비중을 차지하는 게 민간의료보험 상품이다. 지금은 어느 때 어느 방송을 틀어도 보험 광고를 볼 수 있다. "묻지도 따지지도 않고" 가입시켜준다는 등 "한번 가입으로 80세까지" 보장해준다는 등 "월 1만 원 이하의 보험료로 재해·장해시 5000만 원까지 지급"해주겠다는 등 그럴 듯한 문구로 듣는 이를 유혹한다.

이미 국민건강보험이 존재하고 있는 우리나라에서 이렇게 민간의료보험이 성행하는 이유는 하나밖에 없다. 바로 '국민건강보험의 보장성이 부족'하기 때문이다. 많은 수의 주요 질병과 병원진료를 건강보험이 커버해주지 못하니 '불의의 질병 및 사고로 인한 경제적 부담'을 줄이기 위해 따로 민간보험을 들어서 대비하는 것이다. 한 조사결과에 의하면 우리나라 국민들의 보험가입률은 78%에 이르고, 민간의료보험 시장규모는 2008년 현재 33조4133억 원, 국민 1인당 월평균 보험료는 5만4634원으로 추계되고 있다.(정영호, 2011)

암을 비롯한 중증질환에 대한 건강보험 혜택이 확대되면서 민간의료보험 성장세가 잠시 둔화되기도 했다. 그러나 최근에는 건강보험 혜택의 확대가 주춤해지면서, 민간보험사들이 새로운 제품들을 출시하고 다시 마케팅을 강화하여 보험 판매에 열을 올리고 있다. 그렇게 뜨겁게 달아오른 민간의료보험 중 하나가 치과보험이다. 2008년부터 몇몇 보험회사가 치아보험이라는 이름으로 판매하기 시작하면서 시장이 커졌고, 히트상품에 치아보험이 오르기도 했다. "임플란트, 브릿지, 틀니 등 3대 고액 보철치료 치료비 보장" "진단 없이 바로 가입" "55세도 가입 가능" 등 홈쇼핑이나 광고에서 이런 문구들을 많이 봤을 것이다.

한 번 치료에 목돈이 들어갈 수 있는 치과치료의 특성상 이런 광고들을 접하고 나면 자연스럽게 상품가입을 생각하게 된다. 충치 하나 씌우거나 때우는 데 몇십만 원이고, 임플란트나 틀니를 하려면 몇백만 원인데 한 달에 3만 원 남짓한 돈을 내면 충치는 물론 틀니나 임플란트 같은 보철치료도 보장한다고 하니 관심이 가는 것은 당연하다. 그 덕에 우리나라 민간치아보험은 2008년 9월 처음 출시된 이래 급격하게 늘어나고 있다. 보험업계 추산에 따르면 가입자 수가 2009년 100만 명, 2011년 160만 명, 2012년에는 180만 명에 달했으며 R사와

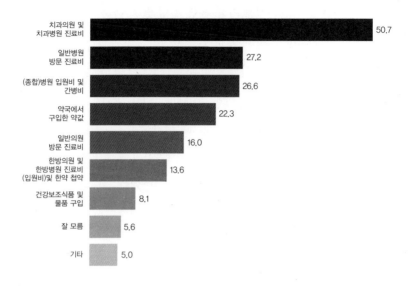

## 의료관련 가계지출 항목별 순위

| 항목 | 값 |
|---|---|
| 치과의원 및 치과병원 진료비 | 50.7 |
| 일반병원 방문 진료비 | 27.2 |
| (종합)병원 입원비 및 간병비 | 26.6 |
| 약국에서 구입한 약값 | 22.3 |
| 일반의원 방문 진료비 | 16.0 |
| 한방의원 및 한방병원 진료비 (입원비)및 한약 첩약 | 13.6 |
| 건강보조식품 및 물품 구입 | 8.1 |
| 잘 모름 | 5.6 |
| 기타 | 5.0 |

사람들의 의료비 지출 중 가장 많은 비중을 차지하는 것이 치과치료 지출이다. 무려 절반 이상을 차지한다. 건강보험 보장이 턱없이 부족하기 때문이다. 사정이 그러니 조금이라도 여유 있는 사람은 민간치아보험에 관심을 가질 수밖에 없다.(출처: 여론조사기관 POLCOM의 2008년 10월 조사. 1, 2순위 선택)

A사, 또 다른 A사 등 3개 업체의 보험료 수입만 1988억 원에 달하고 있다. 치아보험의 짧은 역사를 생각하면 가히 폭발적인 성장세다.

## ✚ 치과에 많이 가는 한국인, 건강보험 보장은 하위권

사실 치과진료에 대한 우리나라 사람들의 부담과 건강보험의 빈약

한 혜택을 생각하면 이는 당연한 결과라 할 수 있다.

치과질환은 한국인들에게 가장 흔한 질병 중 하나다. 국민건강보험 공단의 조사에 의하면 자주 발생하는 외래질병 중에서 잇몸질환이 3위, 충치가 8위, 대부분 충치가 진행되어 발생하는 치수 및 치근단 질환이 15위로 나타났다. 즉 병원에 찾아가는 이유 상위 15개 중에서 3개가 치과 관련 질환인 것이다. OECD 국가들과 비교해도 한국인들은 1년에 1.6회 치과를 찾아 전체 평균인 1.3회를 훌쩍 뛰어넘고 있다. 그만큼 치과질환에 많이 고통 받고 있다는 증거다. 치과질환이 많으니 진료비 부담도 그에 따라 무거울 수밖에 없다. 더구나 우리나라의 건강보험은 특히 치과질환에 대한 보장이 매우 부족하다.

건강보험 보장률 자체는 그동안 미흡하나마 꾸준히 증가되어왔다. 암 등 중증질환을 중심으로 혜택이 증가하여 현재는 보장률이 60% 내외에 이르고 있다. 즉 전체 진료비가 100만 원이라면 그중 60만 원은 건강보험에서 해결해주고 환자들은 40만 원만 내면 된다는 이야기다.

그러나 치과진료만큼은 예외다. OECD에서 발표하는 보건의료 통계를 살펴보면, 치과 부분에 대한 진료비 보장률이 한국은 17%에 불과하다. 다른 나라도 치과질환에 대한 보장이 다른 의료 분야보다 떨어지는 것이 현실이기는 하지만, 우리나라는 그야말로 '떨어져도 너무 떨어진다'. OECD 국가의 평균인 40%에 비해서 절반에도 미치지 못하니 말이다.(이 수치는 국민건강보험공단에서 발표한 30~40%대의 보장률과도 큰 차이를 보인다. 이는 OECD와 달리 임플란트와 미용 목적의 보철 및 교정치료를 보장률을 떨어뜨리는 요소인 비급여항목에서 빼버렸기 때문이다. 실제 환자들이 체감하는 건강보험의 치과 보장률은 OECD 발표 통계에 가깝다고 볼 수 있다.)

그 결과 우리나라의 경우 경제적인 이유로 의료기관을 가지 못한다는 응답 비율이 16.2%였으나, 치과에 가지 못하다는 비율은 33.0%로 약 2배 정도 높게 나타나고 있다.(2011년 기준) 이런 상황에서 연일 TV에서 나오는 치아보험 광고는 매력적이다. 하지만 모든 보험이 그렇듯, 치아보험도 꼼꼼히 따져보지 않으면 오히려 낭패를 보기 쉽다.

## ✚ 치아보험은 대체 어떤 걸까?

민간치아보험은 부족한 치과분야의 공적 보장성을 보완하는 역할을 한다.

전국민 건강보험조차 존재하지 않는 미국과 같은 나라에서도 치아보험을 적절히 활용하여 국민들에게 혜택을 주기 위해 각종 규정을 마련하고 여러 가지 정보를 제공하며 소비자의 선택을 돕고 있다. 예컨대 복잡한 치아보험의 보장범위나 급여조건 등을 소비자가 손쉽게 알 수 있도록 다양한 방법으로 돕고 있으며, 보험회사의 지급률 등에 대한 규정을 갖추고서 보험회사가 지나친 폭리를 취하지 못하도록 하고 있다.

우리의 경우는 어떨까? 본격적으로 치아보험을 표방하는 상품은 2013년 6월 현재 총 15개에 달한다. 물론 일반 질병보장 상품에 각종 특약 등의 형태로 치과보험이 들어가 있는 경우까지 포함하면 그 수는 훨씬 더 많아질 것이다.

이러한 우리나라 치아보험에는 다음과 같은 몇 가지 특징이 있다.

첫째, 미국이나 유럽의 국가들의 치아보험은 기업이나 조합 등이 단체로 가입하는 형태인 데 반해 우리나라는 개인이 개별적으로 가입한다. 또한 그 상품구성이 대단히 난해하고 복잡하게 되어 있어 여러 보험상품을 비교하기도 어렵고, 여타 나라들처럼 소비자를 위한 가이드라인이 제시·공개되지도 않는다. 보험료가 저렴한 반면 보장범위는 협소한 것도 특징의 하나로 꼽을 수 있다.

둘째, 대부분 정액지급 형태, 즉 병이 발생하면 그 질병당 일정 금액을 미리 정해서 지급하는 형태다. 예컨대 치과치료를 받을 때 금 인레이 충전 하나 하는 데 얼마, 임플란트 하나 하는 데 얼마 등으로 금액을 정해서 지급하는 식이다. 건강보험처럼 진료비가 얼마가 나오든지 그중의 몇 퍼센트를 보장해주는 방식이 아니라는 얘기다.

셋째, 보장기간에 제한을 두고 있다. 즉, 한 번 가입하면 영구히 계약이 존속하는 것이 아니라 3년 혹은 5년 단위로 갱신해야 한다. 또한 갱신에 제한을 두어 어떤 조건에서는 계약을 지속하고 싶어도 더이상 받아주지 않아 못하는 경우도 있다.

넷째, 보장개시일이라는 것이 존재한다. 내가 보험료를 내는 순간부터 모든 보장이 곧바로 다 되는 게 아니다. 보장개시일이란 보험사에서 역선택(위험률이 높은 사람들이 더 많이 보험에 가입하려 하는 것)의 문제를 막기 위해 만들어놓은 것으로 보험회사의 지급의무가 시작되는 날을 말한다. 즉, 보험에 가입하고 어느 정도 기간이 경과한 후 발생한 질병에 대해서만 보장이 되는 것이다. 여기서 그치지 않고, 감액기간이라는 것이 있어서 보장을 해주더라도 가입시 계약한 금액에서 일정부분을 제하고 지급하기도 한다. 특히 목돈이 들어가는 보철치료의 경우 대부분 1년에서 2년의 감액기간이 정해져 있다.

다섯째, 동시에 두 가지 이상의 복합적인 치료를 받았을 때에는 해당 치료보험금 중 가장 높은 치료보험금 한 개에 대해서만 보장이 이뤄진다. 즉, 치아의 옆면은 레진으로 때우고 씹는 면은 금 인레이를 할 경우 금 인레이만 보장해준다는 말이다.

## ✚ 우리나라 치아보험의 문제점은?

이러한 치아보험에는 당연히 이런저런 문제점이 따른다.

우선 치아보험에 대한 정보제공이 부실해 소비자의 보험 선택이 어렵다는 점을 들 수 있다. 판매되는 보험상품을 객관적으로 비교할 수 있도록 다양한 정보가 제공되어야 하는데 그렇지 못하다는 것이다. 비록 손해보험협회와 생명보험협회에서 보험료지수 등을 이용한 통계정보를 공시하고 있지만 복잡한 수식에 암호 같은 용어 투성이라 일반인들로선 도무지 이해하기 어렵다. 게다가 치아보험은 다른 보험들과 달리 한 번에 비교가능한 상품의 개수 자체가 제한되어 있다. 따라서 소비자는 보험사의 일방적 광고에 의존하거나 치아보험상품의 약관을 구해 일일이 비교분석하는 수밖에 없다. 하지만 보통의 소비자가 그 난해한 보험 구조를 파악하고 생소한 용어들을 읽어가며 충분한 정보를 얻기란 매우 힘든 일이다.

둘째, 민간치아보험 회사들의 보험료 산정도 합리적이지 못하다. 대개 보험료는 보험회사가 책정하는 사업비, 보험료의 운영수익, 그리고 질병발생확률에 따라 달라진다. 설명하자면 보험회사를 운영하는 데 드는 사업비가 많으면 보험료가 올라갈 것이고, 적으면 내려갈 것이다. 또, 받은 보험료를 이리저리 투자하여 수익을 많이 얻을 수 있다면 보험료가 내려갈 것이고 수익률이 낮다면 보험료를 더 많이 받을 것이다. 그리고 가입자가 질병에 잘 걸린다면 보험금을 많이 지급해야 하니 보험료를 많이 받을 것이고 그렇지 않다면 반대일 것이다.

그런데 보험회사는 보험료 산정의 근거가 되는 사업비에 관한 정보를 알려주지 않고 있다. 더더욱 큰 문제는 치아보험의 보험료 산출에서 가장 중요한 지표인 예정위험률을 계산하기 위한 기초 데이터가 신뢰성이 떨어진다는 것이다. 즉, 한 사람이 잇몸질환으로 이를 뽑고 임플란트할 가능성이 얼마나 되는지, 또 충치가 생겨서 치료해야 할 위험확률이 얼마나 되는지에 대한 객관적인 자료가 부실하다는 것이다. 실제로 40세 남자의 틀니장착 예정위험률을 비교하면 R사는

치아·잇몸질환 보험 잇단 출시
보장범위·면책기간 등 살펴야

치과치료에 대한 사람들의 불안과 걱정을 양분으로 해서 치아보험이 우후죽순으로 늘어나고 있다. 그러나 화려한 광고문구 뒤에 가려진 정확한 정보를 잘 가려낼 필요가 있다. (『경향신문』, 2012년 5월 28일자)

0.051006, A사는 0.003221로 회사마다 17배나 차이가 나고 있다. 또한 임플란트 역시 R사의 예정위험률이 A사보다 3배 이상이다. 이에 반해 크라운과 브릿지 치료의 예정위험률은 A사가 2배 이상 높다. 이런 들쑥날쑥한 확률을 어떻게 믿을 수 있겠는가?

이처럼 소비자들에게 판매하는 상품의 가격결정에 중요한 요소가 되는 사업비는 공개하지 않고, 객관적인 질병위험에 대한 데이터를 기반으로 책정되어야 할 예정위험률도 제각각인 채로, 근거 없는 보험료를 받고 있는 것이 현재 한국의 치과보험이다.

민간치과보험 회사들은 보험개시일, 감액기간, 갱신조건 등을 달리

하고 보장범위까지 제각각인 상품들을 경쟁적으로 출시하여 소비자가 손쉽게 상품의 내용을 파악하기 어렵도록 하고 있다. 그러나 보험가입은 홈쇼핑이나 판매인을 통해 아주 쉽게 할 수 있도록 유도하고 있다. 즉 가입은 쉽지만 보험금의 지급은 까다로운 구조로, 소비자들이 피해를 보기 쉽게 되어 있는 것이다.

## ✚ 치과보험
## 가이드라인이 필요하다

이렇게 많은 문제점을 가지고 있는 치아보험에 대해서 출시 후 4년이 지나도록 제대로 된 관리지침은커녕 기본적인 현황 파악조차 안되고 있는 실정이다.

다른 국가들의 경우, 민간치아보험의 가이드라인을 제시하여 상품설계와 보험료 지급 등을 관리하고 소비자들에게 더 많은 정보를 제공하고자 노력하고 있다. 실제로 미국의 경우 치아보험 지급률을 개인보험은 65%, 단체보험은 75% 이상으로 할 것을 의무화하여 보험사의 폭리를 예방하고 있다. 또한 개인 가입보다는 기업·직능조합 등의 단체 가입을 유도하여 소비자들에게 유리한 조건이 되도록 협상력을 발휘하기도 한다. 그러나 우리의 경우 민간보험에 대한 가이드라인의 제시나 관리감독이 전무하다시피하다. 그 결과 2008년 기준으로 민간의료보험 회사(생보사)의 지급률은 64.6%에 그치는 등 겨우 미국의 최저 기준선 정도에 불과한 실정이다.

정리해보자. 우선적으로는 건강보험의 보장성을 늘려가는 것이 타당하겠지만, 당장은 현재 판매되고 있는 각종 치아보험을 보다 철저히 관리하는 일이 시급하다 하겠다. 정부에서는 보험사들의 치아보험 상품에 대해 소비자들이 보다 많은 정보를 가지고 현명하게 선택할 수 있도록 규정들을 정비할 필요가 있다.

소비자들 역시 치아상품을 선택할 때 보험사의 광고에만 의존하지 말고, 보장범위와 지급조건에 대해 꼼꼼히 따져보는 것이 필요하다. 믿을 만한 치과의사에게 문의하는 것도 도움이 될 것이다. 아는 만큼 많이 보듯, 아는 만큼 치아도 튼튼해진다.

# 06

# 도대체 치과에서 무슨 일이?
## 네트워크 치과의 비밀

## 상업화된 치과의 현장

3살짜리 아동 마리사 마레스는 치과 의자에 묶여 고통 속에 소리를 지르고 있었다. 의사가 마리사의 치수pulp를 제거하고 그 위에 스테인리스 재질의 크라운을 씌우려 했기 때문이다. 이후 다른 치과에서는 마리사가 크라운 치료를 받을 필요가 없었다고 진단했다.

(…)

체인형 치과에서 일하는 의사와 실장의 증언에 따르면 체인형 치과에서 모든 결정은 의사가 아닌 회사가 내린다. 제니 헤인스라는 실장은 이렇게 말한다. "체인형 치과에서 경영을 담당하는 사람들은 의사가 아니다. 회사는 의사들에게 압력을 행사하고, 이들이 설정한 목표에 미달한 의사는 직장을 잃게 된다." 체인형 치과에서 일하는 한 의사는 분명 살릴 수 있는 치아인데도 종종 뽑으라는 요구를 받았다. 결국 그는 그곳에서 일을 그만뒀다.

"더 이상 그곳에서 일할 수 없었다. 그곳 사람들은 대부분의 시간을 환자들에게 치아 뽑을 것을 설득하는 데 할애한다." —2013년 10월 15일, 한국 국회토론회, 데이비드 히스David Heath

위장환자 보내서 견적을 내보니, 임플란트 9개를 권하고 1200만 원을 불렀다. 그런데 대학병원을 가니, 환자의 상태는 그렇게 심각하지 않다. 임플란트 2개 하고 나머지는 잇몸시술 하면 된다고 권했다. —2011년 8월 16일, 〈PD수첩〉

월매출의 20%를 인센티브로 돌려받았다. 더 벌려면 더 많이 치료해야 했다. 이가 멀쩡한 환자라도 그냥 돌려보내면 안 됐다. 게다가 국민건강보험공단의 청구액은 그의 매출에 계산되지 않았다. 고가의 비급여 치료만 그의 매출에 포함됐다. 그러니 '쓸데없이' 기본적인 치료를 해서는 수입이 돌아오지 않았다. 이왕이면 치료를 비싸게, 많이 해야 했다. —2012년 5월 14일, 「한겨레 21」

첫번째의 두 사례는 미국에서, 두번째와 세번째는 우리나라에서 일어나고 있는 일이다. 과도하게 상업화된 의료 때문에 골머리를 앓고 있는 미국과 그 전철을 따라가지 못해 안달인 우리나라. 이 두 나라의 치과에서 도대체 무슨 일이 일어나고 있는 걸까?

# 미국에서는
# 4대 치과체인이*

미국은 우리나라의 건강보험체계와 같은 전국민을 대상으로 하는 공보험이 없다. 다만 저소득층을 대상으로 한 메디케이드Medicaid와 65세 이상의 노년층을 위한 메디케어Medicare가 공보험의 역할을 하고 있을 뿐이다. 그 밖에는 국민 대부분이 민간보험을 통해 자신이 알아서 해결을 하고 있고, 인구의 15%인 약 5000만 명 정도는 어떤 보험에도 가입되어 있지 않다. 최근 미국 사회를 떠들썩하게 만든 오바마케어도 전국민의 보험가입을 의무화해 이런 문제를 해결하려는 시도이다.

그런데 최근 경제위기로 인해 저소득층이 급증하면서 메디케이드를 통해 의료보장을 받고 있는 아이들이 전체의 절반 가까이에 이르고 있다고 한다. 이런 상황이 누군가에겐 비극이겠지만 누군가에게는 새로운 돈벌이의 기회였나보다.

메디케이드를 통해 지원을 받고 있지만 저소득층 아이들에게 여전히 치과의 문턱은 높았다. 메디케이드에서 지불하는 치과진료비가 민간보험의 그것에 훨씬 미치지 못해 치과의사들이 진료를 외면했기 때문이다. 코네티컷 주는 상황을 개선하기 위해 약 5년 전 메디케이드에서 지불하는 치과진료비를 대폭 인상했다. 그러자 치과개원의들의 메디케이드 등록이 늘어나기 시작했고, 미국의 유명 치과체인들도 메디

* 사실관계의 대부분이 데이비드 히스 기자의 기사를 근거로 하고 있고, 많은 부분 재인용된 것임을 밝힌다.

케이드 진료를 전문으로 하는 치과진료소를 개원하기 시작했다. 그중 하나가 미국 최대의 메디케이드 체인형 치과로 130개 지점에서 어린이 약 200만 명을 치료하고 있는 '쿨 스마일스Kool smiles'였다.

몇 개월 후 코네티컷 주정부는 여러 치과진료소에서 스테인리스스틸 크라운을 하는 아이가 급격히 늘어나고 있는 것을 발견했다. 스테인레스스틸 크라운은 아동의 젖니 충치를 치료하는 데 사용하는 치과재료로, 젖니의 충치가 심각하게 진행되어 치아 손상이 크거나 신경치료를 할 경우 이를 보호하기 위해 덮어씌운다. 당연히 간단히 때우는 치료비보다 진료비용이 더 많이 든다. 코네티컷 주에서는 크라운에는 최소 230달러를 지급하는 데 비해 그냥 때우는 치료에는 100달러를 지급했다고 한다.

주에서 치과의사들에게 크라운 치료를 할 때는 사전승인을 받도록 하면서 쿨 스마일스의 문제가 서서히 드러나기 시작했다. 작은 충치임에도 불구하고 크라운 치료를 하는 경우가 많았을 뿐만 아니라 치료의 질이 현저히 떨어지는 경우도 많았다. 2010년 버지니아와 텍사스 2개 주의 메디케이드 자료를 분석한 결과 쿨 스마일스 치과는 다른 치과에 비해 2배가량 스테인리스스틸 크라운을 많이 시술한 것으로 나타났다.

쿨 스마일스는 샌프란시스코의 한 사모펀드가 운영하는 치과경영지원회사Dental Management Service Organization이다. 이 사모펀드는 패스트푸드 체인점과 단기대출업체 등에 약 25억 달러를 투자하고 있다. 공익적

미국의 체인형 치과들은 환자의 이를 돈벌이 대상으로만 보고 꼭 필요치 않은 치료도 무차별적으로 시행하고 있다. 그 치과들에서는 의료적 판단보다 경영적 판단이 더 우선된다.

목적을 위해 설립된 회사가 아니며, 이윤이 생길 만한 곳에 자본을 투자하고, 투자자들에게 이윤을 분배하기 위해 최선을 다하는 곳이다. 쿨 스마일스에 근무했던 많은 치과의사와 직원들이 경영지원회사의 간섭과 매출관리, 그에 따른 과잉진료의 경험들을 증언했다.

미국에는 10개가 넘는 치과체인 및 관련 치과경영지원회사가 존재하는데, 영향력이 큰 치과체인은 4개 정도라고 한다. 22개 주에 70개 클리닉을 보유한 '스몰 스마일스Small Smiles'와 15개 주에 130개 클리닉을 보유한 '쿨 스마일스', 22개 주에 300개 클리닉을 보유한 '에스펜 덴탈Aspen Dental', 22개 주에서 아동클리닉을 운영하고 있는 '리치아웃

ReachOut'이 대표적이다. 이 중 에스펜 덴탈을 제외한 3개의 치과체인은 메디케이드의 지원을 받는 아이들을 전문적으로 치료하고 있다. 최근 이들 4개 치과체인에 각종 고소·고발이 빈번하게 이어지고 있고, 주 정부와 의회 역시 이들을 감시하고 규제하려는 움직임을 보이고 있다.

## ✚ 한국에서는 '1인 1개소' 법안이

지난 2011년 12월 19일 의료법 일부개정안(일명 1인 1개소 법안)이 국회 본회의를 통과했다. 의료법 제33조 2항 "의료인은 하나의 의료기관만 개설할 수 있다"(중복개설금지)를 "의료인은 어떠한 명목으로도 둘 이상의 의료기관을 개설·운영할 수 없다"로 개정한 것이다. 얼핏 봐선 두 법안의 차이를 알 수 없다. 두 법안 모두 의료인들이 병·의원을 1개 이상 설립할 수 없다는 조항 같은데 도대체 왜 이런 쓸데없는 개정을 한 걸까? 시계를 거꾸로 돌려보자.

2003년, 중복개설금지 조항에 대한 중요한 대법원 판례가 나온다.

"이 법의 취지는, 의사가 의료행위를 직접 수행할 수 있는 장소적 범위 내에서만 의료기관의 개설을 허용하는 것에 있다. 자신의 명의로 의료기관을 개설하고 있는 의사가 다른 의사의 명의로 또 다른 의료기관을 개설하여 새로 개설한 의료기관의 경영에 직접 관여한 점만으로는 다른 의사의 면허증을 대여받아 실질적으로 별도의 의료기관을 개설한 것이라고 볼 수 없다." 쉽게 말해 진료만 하지 않으면 월급쟁이 의사를 고용해서 의료기관을 몇 개든 설립해도 문제가 없다는 거다. 2011년 개정된 1인 1개소 법안은 바로 이러한 행태를 막겠다는 것이다. 왜? 그동안 문어발식으로 네트워크 의료기관이 설립되면서 여러 문제들이 발생했기 때문이다. 치과 영역에서도 예외가 아니었다.

2006년 기획재정부는 '서비스산업 경쟁력 강화 종합대책'을 발표하며 '병원경영지원회사Management Service Organization, MSO'라는 새로운 기업 모델을 육성하겠다고 발표했다. MSO는 의료행위를 제외한 병원서비스를 대행해주고 그 대가를 받는 회사를 말한다. 문제는 앞서 미국의 경우처럼 MSO가 병원에 실질적으로 지배권을 행사하는 경우다.

2011년 8월 MBC 〈PD수첩〉은 '의술인가, 상술인가?'라는 제목으로 한 네트워크 치과에 대한 프로그램을 방영했다. 해당 네트워크 치과는 암 유발 가능성이 있어서 수입 및 사용이 금지된 베릴륨이란 금속을 사용해 제작한 보철물을 환자의 치료에 사용하고 있었고, 그 보철물은 네트워크 치과 그룹이 운영하는 기공소에서 대부분이 제작되고 있었다. 또한, 〈PD수첩〉은 대학병원에서 2개의 임플란트와 잇몸 치료를 진단받은 환자에게 9개의 임플란트를 권유한 사례를 들며 과잉진료의 위험 또한 지적했다.

2012년에는 공업용 과산화수소가 포함된 미백제를 사용한 네트워크 그룹의 대표자에게 체포영장이 발부되었고, 정식으로 허가절차를 거치지 않은 임플란트를 시술해 사회적 논란이 일기도 했다. 또한 직접 운영하고 있는 기공소의 기공사들에게 도급계약을 강요한 뒤 이에 반발한 이들을 해고해 법적 분쟁을 빚기도 했다. 최근 이들에게 퇴직금을 지급하라는 고용노동부의 행정명령이 내려졌고, 이에 불복해 낸 행정소송에서도 법원은 기공사들의 손을 들어주었다.

이 네트워크 치과는 2003년의 대법원 판례와 정부의 규제완화 정책 분위기, 그리고 반값 임플란트와 무료 스케일링 등의 저가정책을 무기로 몸집을 불려 현재 약 110개의 지점을 개설하고 있다. 110개 지점의 실소유주는 1인이고, MSO를 설립해 간접적으로 각 지점을 지배하는 방법을 사용하기도 했다. 각 지점의 원장들은 명의만 빌려주고서 실질적으로는 아무런 권한이 없는, 말 그대로 '바지 원장'에 불과했다.

치과의 구성원들인 치과의사와 치과위생사를 비롯한 진료 보조인력, 그리고 기공사 등은 모두 기본급 없이 100% 성과급제로 고용되어 있었다. 진료를 많이 할수록 모두에게 이득이 되는 구조다. 단, 환자만 제외하고. 치과의사와 치과위생사는 눈앞의 이익 때문에 의료윤리를 외면하기 일쑤고, 기공사들은 좀 더 용이하고 빠르게 작업하기 위해 발암물질마저도 사용한다. 게다가 값싼 건강보험 치료는 성과급을 계산하는 데 포함되어 있지 않아 값비싼 비보험 치료에 치중할 수밖에 없다.

1인 1개소 법안은 의료기관의 소유구조를 바로잡아 이러한 부작용들을 방지하기 위한 법안이다. 또한 최근 몇 년간 오직 상업화와 규제완화로만 치닫고 있던 의료 분야에 브레이크를 건 거의 유일한 법안이다. 이 네트워크 치과는 의료법 개정 이후 소유구조를 합법적으로 바꾸어서 현재는 전혀 문제가 될 소지가 없다고 주장해왔다. 그러나 최근 보건복지부가 지점 10곳과 MSO를 의료법 위반 혐의로 검찰에 수사를 의뢰하는 등 여전히 논란의 중심에 있다.

## ✚ 다른 네트워크
### 치과들은…

처음 국내에 네트워크 치과들이 생겨나기 시작한 건 치과의사들의 경쟁이 치열해지고, 우리 경제의 고도성장이 끝나가기 시작한 1990년대 중후반 무렵이었다. 면허증 따고 개원만 하면 운영이 보장되던 시기가 끝나면서, 경쟁력을 확보하는 차원에서 네트워크 치과가 늘어나기 시작했다.

대부분의 네트워크 치과들은 브랜드나 진료시스템·진료철학 등을 공유하고, 공동구매와 공동마케팅 등을 통해 원가를 절감하는 정도의 수준이다. 좀 다르겠지만 교촌치킨이나 피자헛 정도를 상상해도 그리 틀리지는 않을 것 같다. 자본주의 사회에서 법적 테두리 안에서 경쟁력을 가지려는 것은 비난할 일이 아닐뿐더러 나름대로 네트워크 치과가 가지는 장점도 있다. 실제로 공동연구를 통해 진료의 질적 수준을 높이고, 윤리적인 부분을 놓치지 않으려는 네트워크 치과들도 속속 생겨나고 있다.

문제는 지나치게 이윤 지향적인 시스템이다. 일반적으로 의료서비스에서는 투자와 그에 대한 이윤의 회수가 가능하느냐를 기준으로 영리와 비영리기관을 구분하게 된다. 우리나라의 경우 의료법상 영리 법인이 병·의원을 개설하는 것을 금지하고 있다. 하지만, MSO나 기 형적인 소유구조를 통해 투자의 유출입이 가능한 일부 네트워크 치 과병원들은 영리병원의 다양한 부작용들을 버라이어티하게 보여주고 있다.

미국의 경우, 의료서비스 시장에 각종 투기성 자본까지 몰려들어 생 기는 부작용을 깨닫고 개선하려는 노력이 시도되고는 있지만, 자본이 한 번 잡은 꿀단지를 쉽게 내줄 리 만무하다. 우리의 경우에도 아직은 여기저기 간신히 틀어막고 있지만, 각종 편법을 통해 침투한 자본이 서서히 의료서비스 시장을 잠식하고 있다. 최소한의 윤리와 공공성이 보장되어야 할 의료분야에 영리자본은 맞지 않는 옷이다.

문제가 된 미국과 우리나라의 네트워크 치과들은 적극적으로 성과 급 제도를 채용하고 있다. 더 많은 치료를 하고 더 많은 치료비를 받 아내야 의사가 더 많은 돈도 받는다. 묘한 경쟁심이 구성원들을 자극 해 말도 안 되는 실적경쟁으로까지 이어지기도 한다. 과잉진료가 일 상이 될 수밖에 없는 구조다.

또한 치과의사가 아닌 사람에게 병원 경영의 실권을 주고, 되도록 치과의사와 환자와의 관계를 차단한다. 이는 치과의사를 도덕적 책임 감에서 해방시켜주는 역할도 한다. 신뢰를 기반으로 한 전통적인 환 자와 의사 간의 관계는 온데간데없다. 요즘 환자들이 예전 같지 않다 는, 여기저기 의료쇼핑을 하는 환자들이 너무 많다는 의사들의 불평은 실은 전부 자기 발등을 찍은 덕이다.

　가장 심각한 건, 이들의 경영 행태가 치과계 전반으로 급격하게 퍼져나가고 있다는 것이다. 하버드의대의 힘멜스타인 박사는 미국에서 영리병원이 도입된 주나 도시에서는 비영리병원의 의료비도 높다는 사실을 밝혀냈다. 그는 이처럼 영리병원의 높은 의료비가 비영리병원으로 번져가는 것을 '뱀파이어 효과'라고 불렀다. 별거 아니라고, 그냥 일부일 뿐이라고 가볍게 넘어갈 수 없는 이유다.

CHAPTER

# 07

# 202X년 어느 날, '영리병원 X치과' 주주 K씨의 하루

## ✚ 영리병원 허용과
### 건강보험 당연지정제

영리병원이 많은 논란 끝에 결국 허용되고 몇 년이 지난 202X년 어느 날이었다. 방금 인터넷 포탈사이트에 톱으로 뜬 헌법재판소의 판결 내용을 보며 '영리병원 X치과'의 주주 K씨는 미소를 지으며 가지고 있던 주식을 모두 팔아치울 준비를 시작했다. "건강보험 의료기관 당연지정제 위헌 판결"이라는 굵은 제목으로, 기사는 X치과에서 제기한 위헌 소송의 판결 결과를 전하고 있었다.(건강보험 의료기관 당연지정제는 대한민국 국내의 모든 의료기관은 반드시 국가의 건강보험공단과 계약을 맺어 건강보험이 적용되는 치료를 행하는 경우, 공단이 정한 수가와 환자 본인부담금만을 받도록 하는 제도이다. 즉 병원에서 볼 때 설사 건강보험 진료비 수가가 마음에 들지 않더라도 건강보험이 적용되는 치료를 받기 위해 내원한 환자를 거부할 수 없고, 건강보험에서 정해준 진료비만 받아야 하는 제도다.)

'X치과'의 주가는 헌재의 판결로 짧은 시간 내에 5%가 넘는 강한 상승세를 보였지만, 그 이상의 추가 상승은 힘에 겨운 듯 벌써 조금씩 조정의 모습을 보이고 있었다. 반면 S생명을 비롯한 보험회사의 주가가 일제히 상승 곡선을 그리는 모습을 보며 K씨는 혀를 찼다.

"역시 보험주를 노렸어야 했는데……."

사실, 헌재의 결정은 시장에서도 충분히 예견한 판결이었다. 이미 병원으로 장사는 마음껏 하라고 허용해놓고, 장사는 하되 가격은 정해진 값만 받으라는 것이 말이 되는가? 가격은 정해놓고 경쟁하라고 하면 서로 원가를 낮추기에만 주력하여 서비스의 질은 결국 하락할 것이 뻔한데, 말도 안 되는 규제였다. 애초 영리병원 허용과 건강보험 당연지정제를 전혀 다른 문제인 것처럼 정부에서는 홍보했지만, 병원의 영리추구에 가장 큰 걸림돌인 건강보험 당연지정제를 계속 받아들인다는 건 K씨 같은 영리병원 주주에게는 말도 안 되는 소리였던 것이다. 어쨌든 이번 판결로 영리병원들은 앓던 이가 빠졌고, 보험사와 영리병원들이 가장 수혜를 받으리라 예상되었다. 그렇지만 주요 보험사들이 시장의 예상처럼 바로 상한가에 들어간 것과 달리 영리병원들은 잠깐 강세를 보이는 데 그치고 있었다. 이번 판결로 역시 가장 큰 수혜를 보는 것은 민간의료보험 회사임을 주식시장이 보여주고 있는 셈이다.

K씨는 헌재 판결로 10%에 가까운 수익을 냈지만, 이번 매매에서

보험주를 노리지 못한 것이 못내 아쉬울 뿐이었다.

## ✚ 그로부터 1년 후…

K씨는 오른쪽 아래 사랑니가 욱신거려 얼굴을 잔뜩 찡그리며 서둘러 진통제를 찾아 먹었다. 엊그제 동네에서 유명한 영리병원 Z치과에 처음으로 간 K씨는 내내 기분이 언짢았다. 평생 치아건강은 타고났다고 자신만만했었지만, 며칠 전부터 사랑니 쪽이 욱신욱신하더니 퉁퉁 붓기까지 하자 결국 동네에서 제일 큰 Z치과를 찾은 것이었다.

K씨가 가장 먼저 놀란 건 병원의 접수대에서부터 일반환자 접수대와 S생명보험 가입자 전용 접수대가 따로 존재한다는 사실이었다. 그리고 1층 로비 한켠에 S생명 가판대가 설치되어 영업사원들이 현장에서 바로 보험에 가입하라고 권유하고 있었다. 거기다 1층에서 일반환자들이 북적대면서 대기하는 것과 달리 S생명 가입자들은 3층에 따로 마련된 호텔로비 같은 접수대를 통해 바로 3, 4, 5층의 호화로운 전용 진료실과 대기실을 이용했다. K씨 같은 일반환자들은 모두 2층에서만 진료를 받았다. S생명보험카드가 없으면 3~5층에는 아예 출입조차 할 수 없도록 2층 입구에서부터 엄격히 통제하고 있었다. K씨도 올해 연초에 업계 1위라는 S생명보험 가입을 고민했지만 매달 20만 원에 육박하는 기본보험료도 부담이 큰데, 당뇨병 초기라는 이유로 거의 두 배에 달하는 할증 보험료를 내야 한다는 사실에 가입을 포기

할 수밖에 없었다. 이제 와서 이가 아파오니 다시 그때의 기억이 아프게 떠올랐다.

한 시간이 넘게 욱신욱신 아픈 사랑니를 참아가며 기다린 끝에 올라간 2층 진료실에서는 의사의 1분 남짓한 진찰이 있은 후 고급스런 상담실에서 실장과의 상담이 이어졌다. 사랑니가 누워서 나 있고 잇몸에 덮여 있어 수술로 이를 뽑아야 하는데, 사랑니 발치 수술에는 3가지 패키지가 있다는 것이었다. 기본패키지는 국산 국소마취제에 국산 봉합사를 써서 일반 부분마취로 뽑는 데 80만 원이고, 고급패키지는 수입 국소마취제에 수입 봉합사를 쓰고 수술 후 진통제 주사까지 놓아주는 대신에 100만 원이고, 로열패키지는 수면마취로 통증 없이 잠자는 동안 골칫덩이였던 사랑니를 말끔히 뽑을 수 있으며, 수술 후 회복실에서 진통제와 링거를 맞는 비용까지 150만 원이 든다는 것이었다. 수술 후에 필요한 냉찜질 팩도 별도로 판매하지만 로열패키지에는 이것도 포함되어 있다는 설명이 이어졌다.

K씨는 이 뽑는 데 최소 80만 원이라는 말에 깜짝 놀라서 패키지니 수면마취니 그런 것 필요 없고 이만 빼는 건데도 그렇게 큰 비용이 드느냐고 따져 물었다. 그러자 상담실장은 Z치과는 올해부터 건강보험공단과는 계약을 해지하고 S생명과 독점계약을 체결하여 건강보험을 적용받을 수 없다고 이야기했다. 그리고 만약 지금이라도 S생명에 가입하면 거의 무료로 이를 뽑을 수 있으며, 지금 바로 S생명 보험설계사에게 보험가입을 상담받을 수 있다고 권유했다. 요즘엔 예전처럼

건강보험으로 10만 원 안팎에 사랑니를 뽑아주는 병원은 대학병원이나 공공병원이 아니면 거의 없을 것이며, 그런 곳은 예약이 밀려 아마 적어도 1년 이상은 기다려야 할 것이라는 친절한(?) 설명도 덧붙였다.

사랑니 외에도 충치와 치주질환이 있다며 설명을 추가적으로 해주겠다는 상담실장의 말을 손사래 치며 사양했다. 상담실을 나서며 K씨는 이제 정말 민간의료보험에 가입해야만 하는 건가 싶어 마음이 무거워졌다. 그제서야 나올 때 보니 병원 1층 로비 한켠에 세워놓은 "저희 병원은 건강보험이 적용되지 않습니다"라는 굵은 글씨의 안내문이 눈에 들어왔다.

K씨는 문득 1년 전 헌재의 건강보험 당연지정제 위헌 판결을 당연하게 받아들였던 기억이 떠오르면서 더욱 이가 쑤시고 잇몸이 아려왔다. 이제 어디 가서 이를 뽑아야 하는지……. K씨는 다시 욱신거리는 사랑니 쪽을 부여잡고 진통제를 하나 더 먹어야 하나 고민했다.

## ✚ 혹시 '영리병원'이라는 단어를 들어보셨나요?

조금은 단순하게, 영리병원이 허용된 이후의 한국을 상상하여 적어봤다. 과장이라 생각하는가? 그럴지도 모른다. 그렇지만 위에서 묘사한 장면이 그대로 벌어지지는 않을지라도, 비슷한 일들은 분명 발생할 것이다.(아마 K씨는 영리한 투자자이니 많은 돈을 벌었을 것이고, 민간의료보험에 벌써 가입해 낭패를 보지는 않았겠지만.)

"영리병원? 영리추구하는 병원? 우리나라에 영리를 추구하지 않는 병원이 어디 있어? 다 영리병원 아니야?" 이렇게 반문하는 사람도 있을 것이다. 하지만 그렇지가 않다. 우리나라에서 병·의원을 설립할 수 있는 주체는 정부와 지방자치단체를 제외하면 딱 두 가지가 있다. 개인 중에서는 의료인들만 병·의원을 설립할 수 있고, 법인 중에서는 비영리법인의 경우에만 병·의원을 설립할 수 있다.

현재의 비영리병원은 병원에서 수익이 생기더라도 그 수익을 투자자가 가져가거나 다른 사업에 투자할 수 없고, 병원에 재투자하는 것만 가능하다. 하지만 주식회사 형태로 영리병원 설립이 가능해지면, 많은 자본을 유치해 병원을 크게 확장할 수 있는 대신 수익 창출에 대한 직접적인 압박을 받을 수밖에 없다. 그러다 보니 진료비는 올리고, 중장기 연구개발 사업에는 투자하지 않으려 하고, 인력은 줄이고, 그나마 있는 인력도 저급 인력으로 채우려 든다. 그래서 의료사고 비율은 높아지고 진료비만 많이 드는 것이 이미 영리병원을 도입한 나라 대부분의 공통적인 모습이다.

우리나라와 비슷한 경제 수준의 다른 국가에서 영리병원을 도입하거나 고급병원의 수익 추구를 당연한 것으로 여기더라도, 그건 서민과 저소득층을 위한 공공의료를 기본적으로 갖추어놓은 상황에서 진행하는 것이기 때문에 전체 의료제도 자체에 미치는 영향은 크지 않을 수 있다. 하지만 공공의료가 전체 의료공급의 10%에도 미치지 못하는 우리나라에서는 영리병원 허용이 그나마 존재하는 공공의료를

미국의 무료 치과진료 현장. 이런 행사가 있으면 텐트를 치고 밤새 기다리면서까지 많은 사람들이 몰리기에 이렇게 대규모로 치료를 하게 된다. 우리나라에서는 상상도 할 수 없는 모습이지만, 영리병원이 허용되고 의료가 완전히 시장의 영역으로 넘어가게 되면 얼마든지 현실이 될 수 있다.

파탄으로 이끌 것이다. 게다가 한국은 얼마 전 진주의료원의 사례처럼 공공병원을 적자라는 이유만으로 폐쇄까지 하는 나라가 아닌가.

공공의료가 거의 없다시피 한 우리의 의료현실에서 그나마 의료의 공공성을 한 귀퉁이에서나마 받쳐주고 있는 것이 바로 건강보험인데, 만약 영리병원이 도입된다면 의료기관 당연지정제도 결국 무너지게 될 가능성이 높다. 영리병원을 허용해놓고, 건강보험 수가를 무조건 따르라고 할 명분이 없으며, 앞서 예화에서처럼 영리병원에서 위헌소송이라도 걸게 되면 건강보험 당연지정제는 언제 무너질지 모른다. 또 그래서 사람들(주로 부유층)이 민간의료보험에 가입함으로써 건강

보험 혜택을 받지 않게 되다 보면 건강보험 의무가입제마저 흔들리게
될 것이다.

## ✚ 영리화 파도를 가장 앞에서 맞고 있는 치과

이상의 이유로 많은 의사들이 영리병원 허용을 반대한다. 특히나 치
과의사들은 의료영리화의 문제를 피부로 느끼고 있다.

10여 년 전 치과의사 학술대회장에서 고급치과로 유명한 모치과 네
트워크 강남점에서 근무했었다는 이의 이야기를 들을 수 있었다. 보
통 치과에서 금니 하나에 30만 원정도 하던 그 당시에 거기서는 일반
적인 완전틀니 가격보다도 비싼 160만 원을 받는다는 얘기였다. 아
무리 공급자 마음대로 가격을 매길 수 있는 자본주의 사회이고, 고급
서비스와 첨단시설로 완전무장(?)을 했다손 치더라도 치과의사의 상
식으로는 도저히 납득이 가지 않았다. 만약 영리병원이 허용된다면
그 병원의 진료비는 어느 정도가 될지 두렵다. 그 네트워크 치과는 영
리병원 허용을 주장하는 대표주자 중 하나이기도 하다. 어느 의료분
야보다도 비보험 치료가 많은 치과는 그만큼 영리화의 위험에 많이
노출돼 있다.

치과는 다른 의과보다 공공의료의 비중과 역할이 훨씬 더 열악하
다. 실질적으로 치과 공공의료는 거의 전무에 가까운 상황인데, 단지
비보험 치료의 비중이 다른 과보다 높다는 이유만으로 치과와 성형외

과 중심으로 경제자유구역이나 특별자치도에 영리병원을 시험적으로 운영해보자는 주장도 있다. 그러나 문제는 그 허용 범위가 전국 6개 지역, 18개 도시에 달한다는 사실이다. 사실상 강원도를 제외한 전국에 영리병원이 들어서는 셈이다. 치과는 성형외과와 달리 환자의 건강에 긴밀한 영역인데, 의료비 폭등을 가져올 영리병원 허용을 치과부터 해보자는 것은 전면적인 영리병원 도입의 지렛대 역할을 치과가 맡게 하자는 것일 뿐이다.

2013년 12월 1일 SBS에서 방영한 〈최후의 권력〉이라는 다큐 프로그램에 충치치료를 제대로 받지 못한 미국의 저소득층 어린이 디몬테가 세균감염으로 결국 사망한 이야기가 나온다. 미국은 저소득층을 대상으로 한 메디케이드를 실시하고 있지만, 아이러니하게도 많은 치과에서 메디케이드 환자를 받지 않기 때문에 그 아이는 치과치료 한 번 제대로 받아보지 못한 채 끝내 사망하고 말았다. 많은 저소득층 사람들이 비싼 민간보험료를 감당할 수 없어서 치과의사를 평생 한 번도 제대로 만나볼 수 없고, 어쩌다 무료 치과진료봉사팀이 오면 대기줄이 끝없이 늘어지는 광경을 보라. 많은 환자들이 그저 통증에서 벗어나기 위해 살릴 수도 있는 치아를 뽑아버리고 만다. 공공의료가 차지하는 비중은 미국보다도 못한 우리나라가 만약 영리병원을 허용하고 그로 인해 건강보험제도의 근간이 흔들리게 되면, 예로 든 X치과 환자 K씨의 이야기나 메디케이드가 있어도 치료받을 치과가 없는 미국 어린이의 이야기가 우리의 현실이 될 것이다.

CHAPTER

# 08

# 설탕 과잉의 시대,
# 충치는?

## 현대인은 설탕을 적게 먹는다, 진실? 혹은 거짓?

요즘 세상에 누가 몸(그리고 치아)에 나쁜 설탕을 많이 먹느냐는 말을 흔히 듣는다. 설탕을 두세 스푼씩 넣어 마시던 다방커피는 옛말이고 설탕을 넣지 않는 아메리카노 커피가 대세인 것에서 알 수 있지 않느냐고. 많은 사람들이 설탕 섭취를 조절하고 있는 요즘 과거의 맹목적인 설탕 사랑을 생각하면 분명 격세지감이다. 그러나 그런 인식과는 반대로 우리나라에서 설탕소비량은 최근까지도 늘어 연간 1인당 30kg가량이라는 것이 객관적인 현실이다. 우리 국민의 1인당 쌀소비량이 연간 70kg에 채 미치지 않는다는 사실을 고려하면 꽤 충격적이지 않은가?

설탕 소비에 대한 현실과 인식의 차이는 어떻게 발생하는 것일까? 우선 과거와 달리 현재는 대부분 식품을 통해 설탕을 간접 섭취하기 때문이다. 설탕을 안 먹으려 해도 평소 먹는 다양한 음식에는 다량의 설탕이 들어가 있다. 놀랍겠지만 우유가 그런 식품 중 하나다. 우유를 마실 때 직접 설탕을 넣어 먹는 사람은 없겠지만, 거의 모든 시판 우유에 이미 설탕이 들어 있다. 흰 우유(200㎖)에도 3~6g가량의 설탕이 들어 있을 정도다.

식품에 첨가된 설탕류(당류)는 다양한 이름으로 표기되어 혼동을 일으킨다. 자당, 포도당, 과당 등 다양한 당류가 모두 설탕의 한 종류이지만 각각의 이름으로 표기되어 설탕이 아닌 듯 보인다. 그램(g) 단위로 표기된 것은 또 다른 혼란 요인이다. 예를 들면 건강 기능성을 강조하는 에너지 음료 한 캔(250㎖)에는 당류 30g이 들어 있다고 표기되어 있다. 설탕 섭취에 예민한 소비자라고 할지라도 당류가 설탕을 의미한다는 사실을 모를 수 있고, 알더라도 30g이 어느 정도의 양인지를 잘 가늠하지 못한다. 실제로는 설탕 한 스푼이 3g정도이니 무려 설탕을 열 스푼이나 넣은 음료인데도 말이다.(설탕 열 스푼이 들어간 커피를 상상해보라!)

아동·청소년 또는 저소득층 등 특정 계층에서 설탕식품을 보다 많이 소비하는 것 또한 사회 주류의 인식에 영향을 미친다. 아동·청소년은 한참 성장하는 시기로 그 어느 때보다 먹는 욕구가 강한데, 설탕식품이 이들의 입맛을 사로잡고 있는 게 현실이다. 저소득층에게 값싼 설탕식품은 생존을 위한 어쩔 수 없는 선택일지 모른다. 반면 성인병을 걱정하며 먹을거리에 큰 관심을 쏟는 중산층에게는 설탕 섭취가 과도하다는 말이 믿기지 않을 수 있다.

## ✚ 아프리카에 충치가
## 적은 이유

충치가 가장 적게 발생하는 대륙은 어디일까? 정답은 아프리카다. 세계보건기구가 2003년에 발표한 자료에 따르면 아프리카 대륙은 아이들에게 충치가 가장 적게 발생하는 대륙이다. 흔히 보건선진국으로 불리는 북미와 유럽의 어린이들과 비교해 엇비슷하거나 오히려 적은 수치이다. 성인의 충치 발생에서는 아예 상대가 되지 않는다.

아프리카의 상대적으로 빈곤한 나라들에서는 기본적인 치과의료 서비스는 고사하고, 우리가 넘쳐나게 소비하고 있는 칫솔과 치약 등 기본적인 구강위생용품마저 귀한 실정이다. 이를 제대로 닦지도 못하는 것이다. 그럼에도 불구하고 선진국보다 구강건강이 더 나은 까닭은 무엇일까? 충치를 유발하는 설탕 소비가 월등히 적기 때문으로 해석된다. 국제설탕기구ISO가 밝힌 바에 따르면 상당수 선진국에서는 1인당 설탕소비량이 연간 30kg을 훌쩍 넘어서는 데 반해 아프리카 대륙의 국가들에서는 10kg에도 미치지 못한다.

우리의 유사한 통계 또한 이러한 추론을 뒷받침해준다. 우리나라 12세 어린이 1명당 충치가 있거나 있었던 영구치아의 수는 1970년대 초반에는 0.6개가량으로 매우 적었으나, 이후 치과의료 서비스 공급과 구강위생 관리 능력이 크게 개선되었음에도 2000년 오히려 3.3개로 대폭 늘었다. 이러한 현상은 설탕 소비 증가와 궤를 같이한다. 우리나라의 연간 1인당 설탕소비량이 1970년대 초반에는 5~6㎏에 불과했으나 2000년에는 21.4㎏으로 급증했으니 말이다.

## + 충치는 설탕과 뗄 수 없는 관계

이런 사실로부터 설탕 소비를 줄이는 것이 충치를 본질적으로 줄이는 데 결정적임을 확인할 수 있다. 극단적으로 말하자면, 이를 아무리 닦아봤자 설탕 섭취를 줄이는 것만 못하다는 얘기다. 설탕 섭취를 관리하는 건 특히 집단 차원에서 충치를 관리하는 데 핵심적인 부분이다.

그렇다면 설탕이 왜 충치를 일으키는 원흉인지를 살펴보자. 우리가 설탕류를 섭취하면 입안의 충치 유발 세균이 이를 분해하면서 산acid이 만들어진다. 이 산에 의해 치아에서 칼슘 등의 무기질이 빠져나가면서 충치가 생긴다. 그러나 무기질이 빠져나간 탈회(탈석회)현상이 나타났다고 해서 모두 충치로 판정하지는 않는다. 치아탈회 상태에서 육안으로 구멍이 관찰되는 등의 경우에 충치로 판정한다. 그런데 '충치'와 '정상 치아'가 칼로 자르듯 분리되지 않으며, 그 사이는 연속적인 상태라는 점이 중요하다.

여기서 충치를 줄이는 데는 두 가지 전략이 있다. 하나는, 우리가 통상 하고 있는 충치 치료 방식으로 검진을 통해 충치를 골라 제거하는 '고위험 전략'이다. 말하자면 이미 충치라는 위험에 심각하게 노출된 사람을 대상으로 그 위험을 직접 제거하는 개인 단위의 대응 전략이다. 또 하나는, 인구집단 전체를 대상으로 설탕 섭취에 따른 치아탈회 정도를 줄이는 '인구집단 전략'이다. 집단 전체가 충치라는 위험에 노출될 기회나 여지 자체를 줄여서 충치 발생도 자연히 줄도록 하는 방식이다. 그런데 인구집단 전략은 개인적 처방이 아닌 사회정책적 접근이어서 많은 비용이 든다는 점에서 약점이 있다. 그러나 고위험 전략은 치아탈회가 진행중인 '충치 위험군'을 그대로 놔둔 채 충치만 줄이는 미봉책에 불과할 수 있다는 점을 간과해서는 안 된다. 충치를 아무리 제거해도 충치 발생 요인 자체가 줄지 않는 한 새로운 충치는 계속 생길 것이다. 인구집단 전략이 보다 효과적이고 본질적인 처방인 이유이다.

문제는 '어떻게'다. 전문가들은 한 국가의 연간 1인당 설탕소비량을 10kg 이내로 관리할 수만 있다면 아프리카 대륙 주민들 수준으로 충치 발생을 줄일 수 있다고 권고한다.(전문가들은 수돗물불소농도조정 사업이 실시되는 지역의 경우 연간 1인당 설탕소비량을 15kg 이내로 관리할 것을 권고한다.)

## + 사회적 개입이 설탕섭취를 줄일 수 있다

치과에서 충치 치료를 받는 어린이에게 "단 음식을 좋아하는구나.

그렇지만 단 음식 많이 먹으면 충치 생겨요. 먹으면 안 된단다"라고 얘기하는 것을 흔히 볼 수 있다. 이러한 얘기를 아이가 어떻게 받아들이든 사실 별다른 효과가 없다. 알지 못하는 사이에 대부분의 설탕을 섭취하는 현실에서 개인의 노력으로 설탕 섭취를 얼마큼 줄일 수 있겠는가.

다행히 '사회적 개입' 쪽으로 시야를 넓히면 다양한 가능성이 보인다. 우선 식품과 음료수의 설탕(당류) 성분 표기를 강화하여 소비자에게 정확한 정보를 쉽게 전달하는 방법을 고려할 수 있다. 예를 들어 1일 당류 섭취 제한 권고량인 50$g$을 3등분(16~17$g$을 1단위로 표기)하는 방식이 있다. 이 표기법에 따라 하루 3단위 이상을 섭취하지 않도록 권고한다면 소비자가 보다 쉽게 이해하고 실천할 수 있을 것이다. 또 다른 방식으로는 당류의 과잉섭취가 우려되는 식품에 당 함유량을 녹색(낮음), 황색(보통), 적색(높음)으로 표시하는 식품신호등제를 들 수 있다. 우리나라에서도 2011년도부터 어린이 식품에 대해 권장 실시를 추진하고 있다. 어린이 손이 닿는 곳에 고설탕식품을 진열하지 못하게 제한하는 것과 연계하면 보다 효과적이다.

설탕식품을 구입할 수 있는 장소를 제한하는 정책도 있다. 학교 내 매점이나 자동판매기에서 설탕식품 판매를 금지하는 것이 대표적이다. 교육부가 2007년부터 초·중·고에서 탄산음료 판매를 금지시킨 것이 그런 정책의 한 예이다. 학교 밖 사업장과 지역사회 등으로 정책 범위를 확대한다면 더 큰 효과를 기대할 수 있다.

어린이 TV 시청시간대에 고설탕식품의 TV광고를 제한하는 것도 추진할 수 있다. 유명 연예인과 스포츠 스타들을 전면에 내세워 판매에 열 올리는 것 자체를 막을 수는 없겠지만 아이들 건강이 달린 문제인 만큼 파급력이 가장 큰 TV광고는 제한할 필요가 있다. 스포츠 대회의 공식 음료에 설탕음료 지정을 제한하는 것도 한 방법이다.

고설탕식품에 높은 세금(충치세 또는 비만세)을 부과하고 무설탕식품에 세금을 감면해주는 정책도 고려해볼 수 있다. 이에 따른 가격 상승은 설탕식품의 경쟁력을 떨어뜨릴 것이다. 다만 값싼 설탕식품을 구입해온 저소득층이 어려움을 겪을 수 있는데, 추가로 걷은 세금을 이들이 건강에 좋은 식품을 구입하는 데 지원함으로써 부작용을 최소화할 수 있다. 무설탕식품의 세금 감면은 기업에도 영향을 미친다. 예를 들어 무설탕 우유에 세금을 감면해준다면 기업은 당장 흰 우유에 설탕 넣기를 고민하게 될 것이다.

물론 이런 사회적 개입은 정부의 일방적인 추진만으로 가능하지 않고 설령 밀어붙인다 하더라도 기대한 만큼의 성과를 거두지 못한다. 국민들이 설탕 과잉의 문제를 인식하고 자신들의 경험을 공유하며 사회적 개입의 주체로 나설 때만이 진정 성과를 기대할 수 있다. 학교 내 탄산음료 판매가 금지됐다지만 일부에서는 여전히 매점과 자동판매기를 통해 이를 판매하고 있고, 탄산음료를 판매하지 않더라도 이온음료와 에너지음료 등 또 다른 설탕음료를 판매한다는 사실이 이런 난관을 다시금 보여준다.

오늘날 설탕 과잉의 문제를 빼고는 충치에 대해 논할 수 없다. 그러나 우리가 일상적으로 섭취하는 음식물 대부분에 적잖은 설탕이 들어 있고, 무의식중에 단맛에 길들여져버린 현실에서 개인의 노력으로 설탕 섭취를 줄이는 것은 힘들다. 국민들이 주체로 참여하는 다양한 방식의 사회적 개입만이 설탕을 줄일 수 있다.

# 3부

입 속의
검은 이

CHAPTER

# 01

# 치석제거 치약,
# 써보실래요?

## 의료광고, 우리는 어디까지 믿어야 하는가?

광고는 자본주의의 꽃으로 불린다. 미디어의 최전방에서 환상을 심어주며 자본주의가 성장하는 데 가장 큰 공헌을 했다는 의미다. 근본적으로 광고란 솔직한 언설이 아니다. '늙은이 죽고 싶다' '처녀 시집가기 싫다'와 더불어 3대 거짓말이 '장사꾼 남는 게 없다'라는 것만 봐도 장사꾼이 물건을 팔려고 약간의 말을 보태는 건 동서고금에 늘 있어온 생계형 허풍일 것이다. 소비자 역시 대부분의 광고가 100% 진실이 아님을 알지만 나름대로 합리적인 선에서 광고가 제공하는 정보를 분별하고 취사선택한다.

그런데 만약 소비자가 정보를 합리적으로 분별하는 것이 원천적으로 불가능하고 동시에 그 소비가 선택이 아닌 필수라면 어떻게 할 것인가? 의료분야가 바로 그러한 영역이다.

교육과 더불어 의료는 선택이 아닌 인권 차원의 필수 영역이며, 전문적인 의료 정보를 환자가 합리적으로 분별한다는 것은 거의 불가능하다. 그래서 의료광고는 오랫동안 엄격히 규제되어왔다. 하지만 최근 소비자들의 권리의식과 정보공개 요구가 높아지고 더불어 의료시장의 확장과 상업화를 꾀하는 시도들이 거듭되면서 의약품 광고에 이어 의료기관 광고까지 허용되며 점차 그 범위가 넓어지고 있다. 과연 괜찮을 걸까?

환자들이 치과분야 의료광고의 숨은 진실을 세 개만 꿰뚫어 볼 수 있다면, 첫째로는 붓고 시리던 잇몸이 약만 먹고도 탄탄해졌다는 광고를 보게 하겠다. 둘째로는 치석제거 치약 광고, 차라리 기적을 찾는 게 빠르리라. 셋째로는 사람들이 오가는 평범한 거리에 나붙은 '별별전문' 임플란트 광고를 보게 하고 싶다.

## ✚ 가장 참아주기 힘든 치석제거 치약 광고

치과의사로서 수많은 의료광고를 보며 늘 마음이 불편하지만 그중에서 가장 참기 힘든 사례를 고르라면 단연 치석제거 치약 광고를 꼽겠다. 단언컨대, 치약이 치석을 제거한다는 것은 그중에서도 가장 창의적인 허위사실이다.

치석이란 무엇인가? 치석은 치아에 붙은 돌처럼 단단한 세균덩어리로서 치주질환을 일으킨다. 사람의 입안은 온도와 습도가 적당하고 먹거리가 풍부해 세균이 살기에 최적의 장소다. 개인차가 크지만 잇솔질을 잘해 입안 세균의 먹거리를 줄여준 사람이라도 입안의 세균 종은 100단위, 세균 수는 1억 단위에 이를 것이고, 잇솔질에 무심해 세균에게 먹거리를 충분히 제공한 사람이라면 세균 종은 300단위, 세균 수는 100억 단위 이상 득실거릴 것이다.

물론 입속 세균이 바로 치주질환을 일으키는 것은 아니다. 치아 표면에 붙어 있는 세균막에 음식물 찌꺼기나 입안의 탈락 상피세포, 침 속의 백혈구 등이 엉겨 붙어 치태plague가 되고 이것이 오랫동안 방치되면서 침 속의 무기질 성분까지 더해져 굳어지면 치석dental calculus이 된다. 그리고 이런 치태·치석 등의 덩어리 안에서 세균의 구성이 치아에 유해하게 변할 때 비로소 염증이 시작된다. 치석 내 세균 구성이 초기에는 주로 호기성세균(산소호흡을 하는 세균)이다가 점차 혐기성세균(산소호흡을 하지 않는 세균)으로 바뀌면서 독소와 유리산소가 분비돼 치아 주위 잇몸이 붓고 피가 나며 잇몸뼈가 상한다. 그러므로 잇몸병이 우려되는 성인에게 정기적인 치석제거는 필수이다.

## ✚ 치약은 치석을 제거할 수 없다

치석은 생성 초기에는 비교적 강도가 약하지만 시간이 지날수록 돌처럼 단단해진다. 그래서 말 그대로 치아에 붙은 돌, 치석齒石이라 불린다. 이런 치석을 제거하는 치료인 스케일링은 숙련된 치과의사나 치

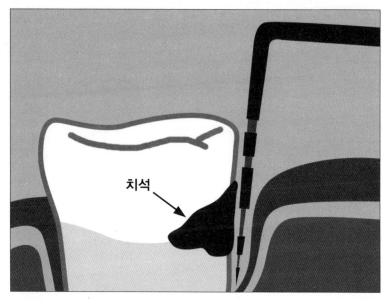

치석

잇솔질 아무리 열심히 해봤자 치석을 제거할 수 없다. 다만 치석의 형성을 막아줄 뿐. 이미 치아에 생긴 치석은 치과를 방문해 스케일링으로 제거해주어야 한다.

과위생사가 손기구나 초음파 진동 장비를 이용해 평균 15~30분 동안 시행한다. 다시 한 번 말하지만 치약으로는 치석을 결코 제거할 수 없다.

하지만 오늘도 여전히 종로 골목 어딘가에는 치석을 제거해준다는 특수(?) 치약을 파는 노점상이 앉아 있고, 일부 대기업 또한 자사 치약에 '치석제거기능'이라는 문구를 버젓이 붙여 광고한다. 물론 대기업은 노점상과 달리 '치석케어'라는 애매한 문구를 사용하고, 원래 치약에 들어가던 연마제 양을 조금 늘려 '스케일링 과립'이라 불러주며,

치과대학 임상실험의 치석제거 효능 입증 결과를 언급한다. 그러면서도 설명서 마지막에 조그맣게, 사실은 치태를 제거해 치석 형성을 억제해주는 기능(이건 원래 치약의 기능이다!)이라고 덧붙이는 법적 치밀함을 잊지는 않는다. 하지만 하얗고 가지런한 치아를 지닌 멋진 배우를 앞세워 대대적인 판촉행사를 열면 소비자들은 "이번 행사를 통해 치주질환의 주원인이 치석이라는 사실을 처음 알았다"며 "앞으로 치석케어 치약으로 치석 관리에 신경쓰겠다"고 다짐하곤 한다. 치과의사로서 매일 마주하는 매우 불편한 진실이다.

## ✚ 치약은 약인가?

치약은 결코 약이 아니라 부르짖던 학창시절 어느 교수님의 음성이 여전히 귀에 울리는 듯하다.

모름지기 약이란, 병이나 상처 따위를 고치거나 예방하기 위하여 먹거나 바르거나 주사하는 물질을 말하는데, 치약은 먹거나 바르거나 주사해도(물론 이러면 절대 안 된다!) 충치나 잇몸병 같은 질환이 낫지도, 예방되지도 않는다. 물론 치'약'(!)으로 열심히 잇솔질을 하면 잇몸병이 예방되긴 한다. 하지만 손을 깨끗이 씻어 감기가 예방된다고 비누를 감기약이라 부르지 않듯 치약을 약으로 볼 수는 없다.

이런 전문적 설명이 없더라도 치약은 의약품이 일반 슈퍼에서 판매되기 훨씬 전부터 그냥 슈퍼에서 아무렇게나 팔지 않았던가 말이다.

영어 표기로 보면 뜻이 더 명확한데 치약은 toothpaste, 즉 가루와 액체를 섞어 만든 반죽 형태의 치아용 세제이다.

인터넷에서 '치약 활용법'을 쳐보면 화장실 물때와 곰팡이 청소, 귀금속 세척, 운동화 얼룩 제거, 아이들 낙서 제거, 김치 냄새 제거 등 생활 속 찌든 때 제거에 탁월한 효과가 있다는 살림 9단들의 블로그를 쉽게 만날 수 있는데, 이런 생활 속 지혜가 사실은 특별한 활용법이라기보다는 본래의 사용법이다.

왜냐면 치약은 치태를 쉽게 제거하기 위해 미세 알갱이인 연마제와 거품 나는 세척제를 기본 성분으로 섞은 후 여기에 살균제를 첨가하거나 불소, 식용 물감, 향 등을 넣어 만들기 때문이다. 즉 세균 등으로 뭉쳐진 미세 찌꺼기 제거를 위해 제조된 물질이 치약의 정체다.

치약의 역사를 봐도 기원전 5000년경 이집트에서 몰약沒藥과 화산성 부석, 소 발굽을 태운 재에 계란 껍질·굴 껍질 등의 연마제를 혼합해서 손에 묻혀 이를 닦았다는 기록이 있다고 한다.(대단한 이집트!) 즉, 치약은 이를 닦는 데 쓰고 있긴 하지만 실은 다른 청소용 세제와 별 차이가 없다.

✚ **치석제거 치약,**
**누구냐 넌?**

치태를 제거하기 위한 세제라지만 시중에는 매우 다양한 치약이 있다. 딸기맛·민트향·죽염 등 다양한 맛과 향을 첨가한 치약부터 불소

치약은 약이 아니고, 치석을 제거해주지도 못한다. 애매한 문구를 사용해 소비자를 현혹시키고 있지만, 결코 속지 말자! (『한겨레』, 2013년 5월 17일)

농도를 높인 충치예방용 치약, 과산화수소 농도를 높인 미백기능 치약, 치아와 동일한 물질(수산화인회석)을 첨가해 손상된 치아를 감싸준다는 시린 이 전용 치약까지 기능성 치약도 다양하다.

그럼 치석제거 치약에는 무엇을 더 넣은 것일까? 스케일링 과립이라는 창조적인(?) 명칭의 비밀은 바로 연마제다. 치석제거 치약은 일반 치약에 비해 연마제가 많아지거나 굵어진 것이다. 그래야만 치태에서 치석으로 변하는 초기 상태의 치석을 조금이라도 더 제거하는 실험실 결과를 얻을 수 있을 테니 말이다. 머나먼 기원전 이집트에서 쓰였던 이 강력한 연마제가 치석제거 치약이란 이름으로 다시 돌아온 것이다.

자, 이제 공은 개인에게 넘어왔다. 광고의 홍수 속에 살고 있는 현대인으로서 책·인터넷·TV 등 미디어를 통해 수많은 정보가 공개되어 있으니 합리적으로 골라서 선택해야 할 시간이다.

입냄새도 나는 것 같고 치석이 나쁘다는 것도 들어 알고 있으니 제거를 하긴 해야겠는데, 막상 치과에 가자니 돈도 돈이지만 바쁘기도 하고 또 무섭다. 때마침 눈앞에 노점상이 보이거나 TV 속에서 잘생긴 모델이 나타나 치과에 가지 않고도 치약만으로 치석제거가 가능하다고 말한다. 정말일까, 살짝 의심이 되긴 하지만 설마 조금이라도 효과가 있으니 저렇게 말을 하겠지 싶다. 이렇듯 믿고 싶으면 믿게 된다.

## ✚ 소비자의 합리적 선택은 가능한가?

써도 될까?

덥석 그 치약을 샀다면 다시 고민해봐야 할 부분이 있다. 일반 치약에 들어간 것보다 더 크고 더 많아진 연마제는 과연 초기 치석에만 작용할까? 입안의 다른 멀쩡한 구조물들은 강한 연마제에 안전할까?

수많은 의료광고 중에서 치석제거 치약 광고가 특별히 불편한 이유는 그 부작용이 걱정돼서다. 만약 치약이 치석을 부수거나 떼어낼 정도로 강한 세척력을 갖게 된다면 입안의 점막이나 치아의 법랑질(치아를 감싸고 있는 단단한 껍질) 또한 깎여나갈 수 있다. 그런 경우 예상되는 가장 큰 부작용은 치아 마모증이다. 이는 치아의 씹는 면이나 옆면 모두에서 나타날 수 있는데, 당장 큰 문제를 일으키진 않는다고 해도 그런 치약을 장기간 지속적으로 사용하면 시린 이, 음식물 저류貯留, 치아 높이 감소 등 여러 부작용이 나타날 수 있다.

만약 치석제거 치약이 치아를 전혀 손상시키지 않는다고 누군가 말한다면 그것은 치석을 제거할 수 없다는 말과 같다. 그 둘은 같은 뜻이다. 치아를 손상시키지 않을 정도로 안전한 연마제라면 치석 또한 털끝만큼도 못 건드릴 것이요, 정말 치석을 제거할 정도로 강력하다면 치아 또한 그 거친 영향력에서 안전하다고 할 수 없다.

부작용 가능성 등 이런 진실의 이면은 당연히 의료광고에 언급되지 않으니 소비자는 알 수 없다. 그저 치약 하나로 무서운 치과에 가지 않고도 치석을 제거할 수 있다는 달콤함만이 강조될 뿐이다. 치석제거에 의사의 손을 빌리지 않을 거라면, 치약에 의존할 게 아니라 치실과 치간칫솔을 활용하는 게 최선이다.

이는 대부분 전문적인 지식이니 누가 말해주지 않는 한 소비자는 알 길이 없고, 알지 못한 채 사용하면 건강에 악영향을 줄 수 있다. 이것이 바로 의료는 전문성으로 인한 '정보의 비대칭'이 존재하며, 환자의 건강과 생명을 다루는 '공익성'을 띠기 때문에 의료광고가 규제되어야 한다는 재미없고 딱딱한 말의 진짜 뜻이다.

## 광고보다는
## 전문가의 말에 더 신뢰를

우리는 때로 타인의 말을 쉽게 믿는다.

우리는 광고를 그대로 믿지는 않는다 하면서도 대기업의 규모와 사회적 책임을 믿는다. 또한 영화나 드라마 등에서 선한 역할을 보여준 광고모델의 이미지를 믿기도 한다. 제품에 쓰여 있는 임상실험 결과를 믿거나 실험을 한 대학의 유명세 또는 실험 교수의 학자적 양심을 믿기도 한다.

그런데 이렇듯 통념과 이미지에 근거한 믿음이 가끔은 정말 믿어야 할 정보를 가로막기도 한다.

치아 건강을 위해 정기적인 치석제거가 필요하다는 전문가의 말보다 스케일링은 치아를 갈아낸다는 친구의 근거 없는 주장을 더 믿기도 하고, 임플란트 전문의도 노인전문 임플란트도 따로 없다는 전문가의 말보다 TV광고 속 중견배우의 '노인전문 임플란트'라는 광고 멘트를 더 믿기도 한다.

그러나 전문가라는 것만으로는 선뜻 믿음을 주지 않는 신중함이라면 자본주의의 꽃으로 불리는 광고와 그 광고를 움직이는 자본의 속성을 가장 먼저, 가장 깊게 의심해보길 권한다. 어차피 우리 다 같이 자본주의 사회에 살고 있고 광고를 통해 정보를 얻을 수밖에 없다면, 그 정보를 합리적으로 걸러내는 데 전문가를 충분히 활용해야 한다. 전문적인 영역의 지식을 우리가 다 알 수는 없기 때문에 전문가가 존재하는 것이고, 전문가 윤리에 입각해 올바른 정보를 제공하는 게 그들의 일이니까 말이다. 그러니 치과의사들 말도 좀 믿어주시라!

물론 치과의사 등 전문가가 국민의 신뢰를 잃었다면 그 원인은 전문가 스스로에게 있고 신뢰회복을 위한 책임 또한 전문가에게 있음은 당연하지만 말이다.

CHAPTER

# 02

# 누구를 위한
# 의료광고인가?

## 잇몸약 먹는다고 이가 탄탄해질까?

스케일링은 한두 번밖에 안 받아봤지만 잇몸약은 꾸준히 먹어왔다는 환자들을 종종 만나게 된다. 이런 분들의 입안을 살펴보면 갑옷을 두른 듯한 엄청난 양의 치석에다 잇몸은 여기저기 부어 있어서 이미 여러 개의 치아를 빼지 않을 수 없는 상황인 경우가 태반이다. 잇몸약에 대한 허황된 믿음 때문에 치료시기를 놓치고 잇몸이 더욱 망가져서 결국 제때 저렴한 치료만 받아도 살릴 수 있었던 치아를 뽑게 되는 셈이다.

사실 평소 치과 갈 시간 내기는 어렵고, 또 치과에 가기가 두렵기도 하고, 게다가 치료비가 얼마나 나올지 걱정이 많은 사람들에게 잇몸약은 가장 적절하고 편리한 대안으로 느껴졌을 것이다. 유명 연예인들이 잇몸약을 먹고서 눈에 띄게 좋아졌다며 진심인 듯 말하는 광고가 얼마나 큰 위로였겠는가.

하지만 정말로 잇몸약만으로 잇몸이 치료된다면 치과의사 노릇도 몇 배는 더 쉬울 것이다. 번거롭고 힘든 스케일링 안 해도 되고, 어려운 잇몸수술 하지 않고 잇몸약 처방만 하면 되니 말이다. 그러나 아쉽게도 아직 그런 잇몸약은 없으며, 앞으로도 나오지 않을 것이다. 치석을 제거하지 않고도 잇몸병을 치료할 수 있다면 모르되, 안타깝게도 치석을 그대로 두고서는 어떤 명의도 잇몸병을 치료할 재간이 없다.

손에 가시가 박혔는데, 박힌 가시를 빼지는 않고 진통소염제만 먹는다면 그걸 치료라고 할 수 있을까? 가시를 빼지 않았다 해도, 진통소염제를 먹으면 붓거나 아픈 건 분명 덜할 수 있다. 하지만 그걸 치료라고 생각하는 사람은 없으리라. 가장 확실하고 당연한 치료는 손에 박힌 가시부터 빼는 것이다. 잇몸약에 소염 성분과 영양 성분 정도는 들어 있겠지만, 치석을 그대로 두고 잇몸약만으로 잇몸질환이 낫기를 바라는 것만큼 어리석은 일도 없다.

문제는 이렇게 거의 효과가 없는 잇몸약을 버젓이 이 회사, 저 회사에서 경쟁적으로 막대한 광고비를 들여 선전하도록 정부에서 묵인하고, 심지어 어떤 면에서는 의료산업의 발전이라는 가당치도 않은 명분하에 이를 조장하고 있다는 점이다. 일부 경제관료들에게는 잇몸약이 국민건강에 아무런 도움이 되지 않고 쓸데없이 의료비만 상승시키는 주범이 아니라, 새로운 의약품 시장을 개척함으로써 의료산업을 키우는 효자로 보이는 모양이다.

그러니 저 허황된 잇몸약 광고를 그만두게 할 방법이 당장은 없다면, 유일한 대안은 각자가 스스로를 챙기는 수밖에 없다. 스케일링과 잇몸치료는 거의 대부분 건강보험이 적용되기 때문에 비용도 많이 들지 않는다. 물론 여러 번 치과에 가야 하는 것이 번거로울 수는 있겠지만, 나중에 잇몸질환으로 이를 빼고 임플란트나 틀니 하는 번거로움에 어찌 비하겠는가.

## ✚ 임플란트 회사의 속임수

"임플란트 하신다면 ○○○ 임플란트인지 꼭 확인하세요!" 국내 최고 매출이라는 이 임플란트 회사의 광고를 여러 매체를 통해 적어도 한 번쯤은 봤을 것이다. 그렇지만 임플란트 수술에서 임플란트가 어느 회사 제품인가 하는 것은 사실 거의 중요치가 않다. 더구나 지금은 임플란트 개발 초기도 아니다. 국산 임플란트 회사만도 십여 곳, 제품의 종류는 백여 개에 이르고, 전세계적으로 따진다면 임플란트 종류가 수백 개는 넘을 것이다. 전문가인 치과의사도 이 제품을 다 알 수 없고, 사실 다 알 필요도 없다. 기본적인 검증을 거친 믿을 만한 회사의 제품을 환자에 따라 적절히 골라서 치과의사가 책임지고 시술하면 그만이다. 만에 하나 제품에 하자가 있거나 문제가 발생하면 응당 시술한 치과의사가 책임질 것이다.

대부분의 의료광고가 환자의 알 권리를 위해서라는 그럴듯한 명분 사람의 건강을 다루는 의료 분야에서는 과장과 허위가 있어서는 안 된다. 그러나 많은 의료광고들이 허위와 과장으로 환자들을 현혹하고 있다. 또한 치과의 마케팅 비용 증가는 그대로 치료비 부담으로 이어지게 된다.(「국민일보」, 2011년, 12월 13일)

을 갖다 대지만, 실질적으로는 돈 많고 힘 있는 기업의 제품만을 알릴 뿐이다. 게다가 이는 올바른 의료 정보에 대한 환자의 접근을 가로막는 효과를 낼 뿐 아니라 왜곡된 정보를 전달하여 환자들의 혼란만 가중시킨다. 그리하여 결국엔 의료비만 불필요하게 올라가게 된다.

환자들과 임플란트 상담을 하다보면 많은 사람들이 광고에서 하듯 그렇게 묻는다. "여기는 임플란트 어디 걸로 해요?" 이 임플란트 회사의 광고는 아마 매출 증대에 혁혁한 공로를 세웠을 것 같다. 성형수술이든 일반 외과적인 시술이든 우리가 수술을 받으면서 특정 수술재료를 어느 회사 제품을 쓰느냐고 의사에게 묻는 경우가 또 있던가? 그리고 그 제품을 쓰지 않는다고 하면 마치 이 병원은 싸구려 제품만 쓰는 거 아닌가 하는 생각이 들게 만든 경우가 있었던가? 그 광고가 얼마나 사람들에게 도움이 되었을지는 몰라도, 그 회사에게는 정말로 큰 도움이 되었을 것이다. 하지만 이런 광고를 이처럼 아무렇지 않게 할 수 있다는 것이 과연 바람직한 일일까?

전문의약품이나 전문적인 의료기기와 재료 등에 대한 일반인 대상 광고를 엄격하게 규제해야 하는 까닭이 여기에 있다. 전문가도 한참을 공부하고 알아보고 비교해야 평가를 내릴 수 있는 제품들인데, 그저 많은 돈을 들여 그럴싸한 이미지를 만들고 광고를 퍼부으면 사람들은 그걸 최고의 제품으로 믿게 된다. 그 결과 더 좋은 제품을 만드는 회사가 망할 수도 있고, 임플란트 치료의 성패가 마치 임플란트 제품의 선택에 따라 좌우되는 것처럼 잘못된 인식을 심어줄 수도 있다. 물론 광고비로 인한 임플란트 재료비와 치료비 증가는 결국 환자의 부담으로 돌아오게 된다.

무분별한 의료광고의 수혜자는 누구이고, 피해자는 누구일까? 그리고 이런 전문의약품이나 의료전문 기기나 재료의 과도한 대중광고 허용이 과연 국민의 알권리를 위한 것, 또는 국민의 올바른 선택을 돕기 위한 것이라고 할 수 있을까?

## 환자의
## 건강보다 상술

"줄기세포 골이식재 △△△△"

혹시 지하철에서 이런 광고를 보신 적이 있는가? 임플란트 광고도 모자라서, 임플란트 수술에서 쓰이는 골이식재의 광고를 의료전문지가 아닌 지하철에서 보리라고는 꿈에도 생각지 못했다. 그게 뭐하는 데 쓰이는 물건인지 광고를 본 사람들 가운데 몇이나 알까? 이런 지극히 전문적인 분야에서 쓰이는 재료를 지하철이라는 대중적인 공간에 광고한 의도는 무엇이고, 이걸 허용한 이유는 무엇일까? 이제는 특정 제품 임플란트를 선호하는 것으로도 모자라 환자들이 골이식재도 어느 제품을 써달라고 요구해주길 기대하는 것일까?

골이식재는 임플란트를 심을 부위의 잇몸뼈가 부분적으로 망가졌을 때 이식해주는 재료이다. 사람 뼈를 쓰기도 하고, 동물 뼈를 쓰기도 하고, 인공적으로 만든 합성뼈를 쓰기도 하는데 경우와 상황에 따라 의사가 적절한 재료를 선택해서 쓴다. 각 제품마다 장단점이 있고, 어느 게 가장 좋다고 말할 수 없는 문제다. 그런데 이런 전문적인 재료를 일반 대중들에게까지 무분별하게 광고해도 되는 걸까? 그것이 얼마나 위험할 수 있는지 정부에서는 모르는 것일까, 알고 싶지 않은 것일까, 알아도 모르는 척하는 것일까?

자본주의의 꽃이라는 광고의 의미를 부정할 생각은 결코 없다. 하지만 의료는 사람의 생명과 건강을 다루는 일이다. 혹시라도 환자들을 현혹시켜서는 안 되기 때문이다. 적어도 의료광고에 한해서는 엄격한 규제와 관리가 국민건강을 위해 필수적이다. 그러지 않아도 지하철에 도배된 성형외과의 무수한 비포Before/애프터After 광고를 보며 씁쓸함을 느끼지 않을 수 없는데, 환자의 건강을 생각하기보다 상술에만 치중하는 치과분야 광고를 보고 있으면 착잡하기 그지없다. 무분별한 의료광고의 허용이 의료산업의 성장과 GNP 증가에는 도움이 될는지 모르겠으나, 우리의 삶과 건강에 끼칠 해악은 측정하기조차 어렵다. 하지만 그렇다고 우리가 눈감아서는 안 될 것이다. 여론 조성을 통한 사회적 압박은 물론이고, 개인 차원에서는 거기에 현혹되지 않으려는 노력도 필요하다.

# 03

# 충치예방시대를 열다

## 수돗물불소농도조정

## + 이 반점의 정체는 무엇일까?

장면 하나. 한 치과의사가 소년 환자를 보면서 고민하고 있다. 그 환자의 치아에는 흰 반점과 갈색 반점이 군데군데 있었는데 그 반점이 무엇인지 도무지 알 수 없었던 것이다. 이런 반점에 대해서는 치과 대학에서 배운 바도 들은 적도 없는데……. 그는 마른 침을 삼킨다. 그리고 대수롭지 않은 듯이 소년에게 묻는다. "치아 색깔이 너만 이렇니?" 소년은 대답한다. "아니요. 형도 누나도 다 그래요. 부모님도 그러신 걸요." 헉! 그렇다면 유전병이란 말인가? 그는 이어진 소년의 말에 더욱 놀란다. "저만 그런 게 아니라 동네 친구들도 다 비슷해요." 아니 그렇다면 전염병이란 말인가? 그는 다시 소년의 치아를 자세히 진찰한다. 그러나 치아에 생긴 반점 말고는 다른 특이한 증상을 발견할 수 없었다. 도대체 이 반점은 무엇이란 말인가?

이 치과의사는 프레데릭 맥케이Frederick S. Mckay다. 그는 갓 치과대학을 졸업한 신출내기로서 이제 막 미국 콜로라도 주 스프링스에 개원한 참이었다. 그런데 그가 아는 어떠한 치의학 문헌에서도 볼 수 없었던 이상한 반점을 소년의 치아에서 발견했던 것이다. 이 의문스러운 치아 반점을 조사하기 시작한 맥케이는 이것이 학계에서 아직 인정되지 않은 새로운 치아변색임을 확신했다. 그는 이러한 반점을 '콜로라도 갈색치아'라고 이름 붙였다. 정체 불명의 한 반점이 의학 역사의 전면에 등장하는 순간이었다.

맥케이가 발견한 것은 '반점치'다. 반점치는 치아에 백색 또는 갈색 반점이 생기는 것으로 이 반점 때문에 용모가 좀 흉해 보이는 미용상 질환이다. 반점치는 치아불소증이라고 불리기도 하는데, 치아가 형성되는 시기에 불소가 과량 함유되어 있는 식수를 장기간 먹었을 때 발생한다. 그렇지만 치아가 완전히 성장한 이후에는 발생하지 않는다. 즉 성인이 된 다음에는 불소를 과량 섭취하더라도 반점치가 나타나지 않는다.

다시 맥케이로 돌아가자. 맥케이는 자신을 찾는 환자들에게 출생지가 어디며, 몇 살 때부터 그런 반점이 치아에 나타났는지, 자주 먹는 음식물은 무엇인지, 양친을 비롯하여 형제자매나 자녀들의 구강상태가 어떠한지에 대해 세밀히 조사했다. 이를 통해 맥케이는 한 가지 공통점을 발견했다. 반점이 생긴 치아를 가진 환자들은 거의 콜로라도 스프링스에서 태어났거나 아주 어렸을 때 이곳으로 이주해서 살았다는 것이다. 10대 이후에 이 지방으로 이주한 사람들은 반점치가 생기지 않았다. 더 중요한 사실은 반점치가 없는 사람은 충치가 많은 데 비해 보기 흉할 정도의 반점치를 가진 사람에게서는 충치가 거의 나타나지 않았다는 것이다. 맥케이는 그 지방의 음용수에 성장기 어린이들 치아에 반점을 만들고 충치를 막아주는 그 '무엇'이 있을 것이라 짐작했다. 바야흐로 충치예방시대의 서막을 알리는 한 줄기 빛이 세상으로 뿜어져 나오기 시작한 것이다!

## ✛ 맥케이의
## 위대한 발견

페니실린이라는 항생제가 우연히 발견되었듯이 불소의 충치예방 기능 역시 우연히(?) 발견된다. 맥케이는 앞서 설명한 바와 같이 진료중에 특정 지역에 사는 사람들의 치아에 반점이 있는 것을 발견했다. 대부분이 그냥 지나쳤을 이러한 증상에 그는 관심을 가졌고, 마침내 사람들이 먹는 식수에 불소가 많이 들어 있기 때문이라는 사실을 알게된다. 그와 더불어 반점치가 있는 사람에게 충치가 없거나 매우 적었다는 사실도 찾아냈다. 마침내 불소가 충치예방을 할 수 있다는 가설이 성립된 것이다.

사실 반점치에 대한 기록은 맥케이 이전에도 많이 있었다. 미국 공중보건국에서도 이탈리아 이민자들에게 발생한 반점치를 확인한 바 있다. 그러나 건강상 문제가 없다는 이유로 그냥 지나쳤다. 우리나라

고려시대 기록에서도 반점치로 의심되는 증상을 찾을 수 있다. 이렇듯 반점치 출현 역사는 유구하나 진정으로 탐구 정신을 보여준 사람은 바로 '맥케이'였고, 맥케이의 '발견'은 충치예방시대를 여는 위대한 것이었다.

구강보건학자인 버트와 에크런드는 "맥케이는 꼭 필요한 사람을 꼭 필요한 때와 장소에 배치시킨 역사적 설정의 훌륭한 예"라고 찬사를 보낸 바 있는데, 이 말은 결코 과장이나 현란한 수식어가 아니다.

## ✚ 갈색 치아의 비밀

장면 둘. 한 치과의사가 깊은 생각에 잠겨 있다. 그는 갈색 치아를 가진 콜로라도 사람이 다른 지역으로 이사하면 이를 제대로 닦지 않는 게으름뱅이거나 담배를 씹는 추한 사람으로 취급받는다는 하소연을 떠올린다. 문득 아이오와 주 오클리에서 발생한 이 '갈색 치아' 때문에 지역주민들의 강력한 항의를 받은 지역 보건담당관의 사례가 함께 겹쳐진다. 그래, 이 사례를 조사해보아야겠어. 그는 자료를 검토한다. 식수를 바꿨더니 갈색 치아가 사라졌다는 사실과 그러한 조치가 맥케이의 자문에 따른 것임을 알게 된 그는 맥케이를 만나보기로 했다.

그는 트렌들리 딘H. Trendley Dean이었다. 나중에 미국 국립보건원 치의학연구소의 초대부장이 되는 딘은 당시 당시 연방 공중보건국 조사

부서에서 일하면서 식수 내 불소농도와 반점치의 관계를 연구하라는 임무를 부여받았다.

딘의 첫 과제는 맥케이의 연구를 이어받아 미국 내 반점치의 지리학적 분포를 파악하는 것이었다. 맥케이를 만난 딘은 반점치가 음용수에 들어 있는 불소 때문인 것 같다는 의견을 듣는다. 그렇지만 단기간에 전국에 있는 모든 음용수의 불소농도를 측정할 수는 없지 않은가? 딘은 번뜩이는 아이디어로 이 난관을 돌파한다. 전국의 치과의사협회에 우편물을 보내 그들의 경험을 써달라고 요청한 것이다. 딘은 이를 근거로 1차 반점치 분포지도를, 즉 미국 97개 지역에서 반점치가 나타났다고 보고할 수 있었다. 또한 그는 반점치의 심각성을 정량적으로 파악하기 위하여 오늘날에도 사용하고 있는 표준화된 반점치 분류법을 맥케이와 함께 개발하기도 했다.

반점치와 불소의 관계를 규명하기 위한 준비를 마친 딘은 불소농도와 반점치 정도 사이의 관계를 알아보는 작업에 돌입했다. 그리고 불소가 음용수에 들어 있다고 반드시 반점치가 생기는 게 아니라 불소농도가 1$ppm$ 이상은 되어야 눈에 띌 정도의 반점치가 생긴다는 사실을 밝혀냈다. 이제 남은 일은 이를 실험으로 증명하는 것이었다. 딘은 반점치 발생지역에서 사용하고 있던 고농도의 불소 함유 상수원을 불소 농도 1$ppm$ 이하의 상수원으로 바꿔보았다. 결과는 완벽했다. 반점치가 나타나지 않은 것이다. 이로써 1902년 콜로라도 스프링스에서 시작된 반점치의 원인에 대한 맥케이의 조사는 거의 40여 년 만에 결실을 맺게 됐다.

  잠시 상황을 1970년대 말 우리나라 익산의 동자포라는 마을로 바꿔보자. 이 마을 아이들에게 반점치가 나타났다. 원인을 모르는 주민들은 치아의 이 보기 싫은 반점이 근방의 공장 때문이라고 생각했고, 얼마나 항의가 심했던지 공장주가 다른 곳으로 피신할 정도였다. 이리저리 하소연을 하고 다니던 주민들은 지역 국회의원에게 진정을 넣었고, 국회의원은 당시 보건사회부 장관에게 대정부 질의를 통해 이 문제를 거론했다. 치아에 반점이 생겼다는 이유로 국회 대정부 질문이 이루어지는 초유의 상황이 연출되었던 것이다.

  결국 서울대 의대와 치대로 구성된 역학조사팀이 현지로 파견되었고, 지역주민들의 치아반점이 식용수 속에 불소가 많이 들어 있어 생기는 반점치라는 것을 확인했다. 식수를 간이상수도에서 수돗물로 바꾸면서 더 이상 반점치는 생기지 않았다. 역사는 반복되는 것인지 던 이전에 미국 사람들이 반점치를 두고 '게으른 사람이 걸리는 병' '추한 사람' '환경 오염이나 공해가 만든 병' 등등으로 난리를 피우던 상황이 우리나라에서도 재현되었던 것이다. 이러한 역사의 반복은 현재도 진행중이다. 수돗물불소농도조정사업 때문에 심한 반점치가 발생한다고 주장하는 사람이 여전히 있기 때문이다. 그런 주장은 과연 맞는 것일까?

# 불소농도조정, 20세기 10대 공중보건업적

다시 딘으로 돌아가보자. 플레밍이 곰팡이에 오염된 자신의 시험관에서 페니실린을 발견했듯이, 딘 역시 충치와 관련이 없을 것 같았던 반점치 조사 과정에서 충치예방에 가장 효과적인 방법을 발견했다. 적정량의 불소 섭취가 충치를 막아준다는 것이었다. 딘과 플레밍은 공통점이 있다. 뛰어난 관찰력과 분석력의 소유자라는 것이다. 플레밍이 오염된 시험관을 재수가 없다고 툴툴거리면서 그냥 쓰레기통에 버렸더라면 페니실린을 발견하지 못했을 것이다. 플레밍은 곰팡이 때문에 세균이 잘 자라지 못하는 것을 보고 곰팡이의 그 '무엇'이 세균의 성장을 억제했을 것이라는 생각을 했고, 결국 그 '무엇'이 페니실린이라는 것을 밝혀냈다. 딘 역시 이와 마찬가지였다.

딘은 반점치 조사과정에 반점치가 있는 아이의 충치이환율(잘 썩는 정도)이 정상적인 아이와 비교해 현저히 낮다는 흥미로운 사실을 발견하게 된다. 딘은 '반점치 자체가 충치로부터 치아를 보호하는 어떤 성질을 갖고 있거나' '반점치를 일으키는 식수 내의 불소가 충치로부터 치아를 보호하는 것'이라고 추측했고, 독소로만 인식되고 있던 불소를 '충치예방에 이용할 수 있지 않을까'라는 기대를 품었다. 딘은 여기서 멈추지 않았다. 그는 식수 내 불소농도가 각기 다른 지역에서 반점치와 충치 발생 정도를 함께 검토했다. 그 결과, 반점치와 충치 발생이 역비례 관계에 있다는 사실을 알아냈다. 반점치가 많이 나타나는 지역일수록 충치 환자가 적었던 것이다. 아울러 1.2*ppm* 정도의 불소농도 수준이면 보기 흉한 정도의 반점치를 만들지 않으면서도 충치발생률은 낮출 수 있다는 사실을 '발견'했다.

이제 마지막 남은 단계는 이를 증명하는 것이었다. 우선 몇 개 도시의 수돗물에 불소를 첨가하고, 그 결과를 평가함으로써 충치예방 효과, 수돗물불소화농도조정의 기술적·경제적 장점, 반점치 유발 정도와 불소섭취의 안전성 등을 확인하고자 했다. 이 연구를 수행할 마땅한 대상지를 물색하다 미시간 주의 그랜드래피즈를 적지로 선정했다. 그리하여 마침내 역사상 처음으로 충치예방을 위한 수돗물불소농도조정사업이 1945년 공중보건사업이라는 형태로 첫발을 내딛게 된다.

딘은 맥케이와 함께 수돗물불소농도조정사업에서 빠트릴 수 없는 중요한 공헌을 한 사람이다. 반점치라는 용어 대신에 '치아불소증'이란 용어를 제안하기도 했고, 자신이 고안한 '반점치지수'를 사용하여 전국의 많은 어린이들을 꾸준히 검사했다. 그리고 분석에 필요한 실질적인 정보체계를 수립하기도 했다. 딘은 1962년 사망했다.

그는 성격이 강하고 타협할 줄 모르는 사람이었다. 게다가 수돗물불소농도조정사업을 시작한 담당 공무원이었기 때문에 이 사업을 반대한 사람들은 그를 집요하게 공격했다. 심지어 원자탄개발계획의 일환으로 이 사업을 시작했다는 어처구니가 없는 비난까지 감내해야 했다. 그러나 그는 사업의 단계 단계마다 요구되는 끈질긴 인내심과 철두철미한 논리성이라는 미덕을 가지고 있었다. 현대적 컴퓨터로나

가능했을 자료체계에 대한 그의 이해나 분석적 심성은 놀라울 정도다. 이후 이루어진 수많은 연구가 수돗물불소농도조정사업이 충치예방에 매우 효과적이고 안전한 방법이라는 것을 입증했기 때문이다.

우리는 딘과 그 동료들의 연구, 즉 반점치 탐구로 시작해 결국 20세기에 가장 중요한 공중보건업적을 수립한 바로 그 연구 덕분에 충치예방의 혜택을 누리고 있다. 수돗물불소화 반대자들이 말하듯, 수돗물불소농도조정사업 때문에 반점치가 생기는 것이 아니라 반점치 해결 과정에서 충치예방을 위한 수돗물불소농도조정사업이 '개발'되었던 것이다. 딘 역시 마땅한 대접을 받았다. 그가 시작한 수돗물불소농도조정사업은 백신의 개발, 피임법의 개발, 담배의 해악 인식 등과 함께 미국 질병통제센터CDC가 선정한 '20세기 10대 공중보건업적'에 포함되었다. 딘은 100년에 한 번 나올까 말까 한 위대한 사업을 진두지휘한 사람으로 영원히 기억될 것이다.

### 불소의 마법

그렇다면 불소는 충치를 어떻게 예방하는 것일까? 충치는 세균이 우리가 먹은 음식물을 분해하는 과정에서 나온 산酸, acid이 치아를 파괴하여 나타나는 질환이다. 불소는 세균이 만든 산에 대한 치아의 저항성을 높여준다. 치아는 수산화인회석이라는 물질로 구성되어 있는데 여기에 불소가 결합하면 불화인회석이라는 물질이 만들어진다. 불

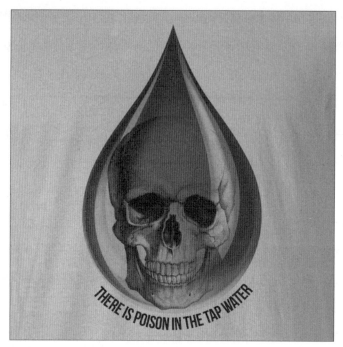

수돗물불소농도조정사업을 반대하는 측의 포스터. 이 사업을 반대하는 사람들은 독성물질인 불소를 수돗물에 넣는다는 것에 거부감을 느끼며 문제시한다. 그러나 어떻게 사용하느냐에 따라 독과 약의 경계를 넘나들 수 있듯이, 미량의 불소 첨가는 건강에 아무 지장을 주지 않으면서 치아를 건강하게 한다.

화인회석은 수산화인회석보다 결정구조가 치밀하기 때문에 세균이 만든 산에 잘 녹지 않는 것이다. 치아가 형성되기 시작할 때 불소를 섭취하면 불소가 혈류를 통해 흘러들어가 수산화인회석을 불화인회석으로 변화시킨다. 그런데 불소를 너무 많이 섭취하면 불화인회석으로 변화하는 과정에 혼란이 생겨 치아형성이 불완전해진다. 이것이 우리 눈에 반점으로 나타나는 것이다. 뭐든지 지나치면 부작용을 초래

하는 법이다.

불소는 또한 이미 돋아난 치아가 산에 의해 손상되었을 때 복구하는 역할을 한다. 세균이 만든 산 때문에 치아에서 녹아나온 칼슘과 인이 다시 치아로 들어가서 손상 부위를 복구하도록 돕는다. 이렇게 복구된 치아 부위는 산에 대한 저항력이 다른 부위보다 더 크다. 시련을 겪을수록 더 단단해진다는 자연의 섭리가 발휘되는 것이다. 이처럼 적정량의 불소가 들어 있는 수돗물을 마실 때마다 치아는 더 강해진다.

수돗물불소농도조정사업은 발명이 아니라 '발견'이다. 식수에 불소가 너무 많이 들어 있으면 반점치가 발생하지만, 적정한 농도라면 흉한 반점치를 유발하지 않으면서 충치를 예방한다는 사실을 숱한 조사와 실험 끝에 얻은 '발견'이었던 것이다. 수돗물불소농도조정사업은 식수에 들어 있는 불소함량이 충치예방에 부족할 때 불소를 보충하여 효과가 나타나도록 하는 사업이다. 사실 충치를 예방할 수 있는 정도로 불소가 들어 있는 자연의 물은 곳곳에 존재한다. 그러나 그런 자연의 물을 모두에게 전달하기가 어렵기 때문에 수돗물공급체계를 이용하여 수돗물의 불소농도를 조정하는 것이다. 자연에서 얻은 이 '발견'으로 사람들은 충치예방시대를 열었다.

이전까지 충치예방을 위해 할 수 있는 방법이란 고작 '이를 잘 닦자'는 것이었다. 이런 상황에서 한 걸음 더 나아가 수돗물불소농도조정사업은 충치예방에 획기적인 발전을 이룩하는 계기가 되었다. 불소치약·불소도포·불소알약복용·불소소금·불소용액양치 등 불소를 이용한 충치 예방법은 모두 수돗물불소농도조정법의 발견과 발달과정에서 비롯된 것이며, 치아홈메우기 사업 역시 불소가 씹는 면의 충치예방에는 효과가 다소 떨어진다는 점 때문에 연구와 개발이 가속되었다. 즉 수돗물불소농도조정은 오늘날 개발된 여러 충치예방법의 출발점이자 '맏형'인 셈이다. 형만 한 아우 없다고 수돗물불소농도조정법은 모든 충치예방을 위한 방법 중에서 가장 경제적이고 가장 효과적이며 가장 안전한 방법이다.

이 위대한 발견을 '수돗물불소농도조정사업'이라는 이름으로 시작한 지 벌써 두 세대, 60년이 훌쩍 넘어섰다. 그동안 이 사업은 전세계로 퍼져나갔다. 이제는 수돗물불소농도조정사업이 아니더라도 반점치 연구에 기초한 기준에 따라 먹는 물의 불소농도를 식수 수질기준 항목의 하나로 관리하게 되었다. 앞서도 밝혔듯 인위적으로 첨가하지 않아도 이미 불소농도가 충분한 이른바 '자연 불소농도조정 지역'도 존재하며, 중국의 경우 그런 지역에 사는 인구가 수천만 명에 달한다. 그러나 지구 전체로 보면 너무나 적다. 그래서 세계보건기구는 1970년대부터 식수에 불소가 부족할 경우 충치예방을 위해 수돗물불소농도조정사업을 실시할 것을 권장하고 있다. 이에 따라 전세계 60여 개국에서 이 사업이 시행중이며, 인구 100만 명 이상이 이 사업의 혜택을 받는 나라는 18개국에 달한다. 종주국 미국의 경우는 수돗물을 음용하는 인구의 거의 70%가 불소농도가 조정된 물을 먹고 있으며, 싱가포르는 100%가 불소농도가 조정된 수돗물을 사용한다. 아일랜드와 같은 나라는 의무적으로 이 사업을 실시하도록 법으로 규정하고 있기도 하다. 소금에 불소를 첨가하는 불소소금법을 이용하여 충치예 방에 나서는 나라도 30개국이 넘는다.

우리나라는 1981년부터 수돗물불소농도조정 사업을 시작했다. 우 리나라에서 불소의 충치예방 효과는 40%에 이른다. 충치예방 효과가 40%라는 것은 사업을 시행하지 않은 지역보다 충치발생률이 40% 더 낮다는 의미다. 현재 우리나라에서 수돗물불소농도조정사업의 혜택 을 보고 있는 인구는 약 300만 명이다.

## ✚ 돈 안 들이고 충치를 예방하는 가장 좋은 방법

장면 셋. 한 치과의사가 장애를 가진 아이의 충치를 치료하고 있다. 무서워 우는 아이를 치료하느라 땀이 이마에서 흘러내린다. 아이가 딱해서 같이 우는 아이 엄마를 보면서 의사는 '내가 뭐 애를 잡기라도 하나' 하는 억울한 마음도 들지만 곧 엄마의 자식 사랑에 가슴이 뭉 클하다. 엄마는 말한다. "돈 안 들이고 충치를 예방하는 좋은 방법이 뭐 없어요?" 이건 질문이 아니라 항의다! 왜 없겠는가. 수돗물에 불소 를 넣으면 될 일이다. 치과의사도 사회에 항의를 하고 싶다. 이렇게 이 로움이 명백한 정책을 왜 전면적으로 시행하지 못하는 것일까?

수돗물불소농도조정사업은 수돗물만 먹어도 누구나 충치예방 효 과를 볼 수 있지만 장애인·저소득계층 등 취약계층에 더 많은 이익이

수돗물불소농도조정사업은 충치를 예방하는 효과적이고 경제적인 방법이지만, 위험하다는 세간의 인식으로 인해 국가가 나서서 홍보를 해도 널리 시행되지 못하고 있다. 그러나 정말 안전한 사업일 뿐만 아니라 치아건강의 불평등을 해소하는 정의로운 사업이기도 하다.

가는 사업이다. 충치가 생겼을 때 경제적으로 여유 있는 사람은 자기 힘으로 치료하면 되지만 소외계층은 치과 문턱 넘기도 쉽지 않은 현실을 생각해보면 당연하지 않은가. 수돗물불소농도조정사업은 심각해지고 있는 사회양극화에 따른 건강불평등을 완화하는 데 크게 기여할 수 있다. 미국 공중보건국장은 "미국 공중보건 최고 책임자로서 가장 우선순위를 두고 있는 것 중의 하나는 건강상의 불평등을 감소시키는 것이며 '수돗물불소농도조정사업'은 이러한 불평등 제거에 기여할 수 있는 가능성이 큰 사업이다"라고 언급한 바 있다.

그럼에도 불구하고 우리나라에는 수돗물불소화를 경계하는 목소리가 있고, 이는 이 사업이 전면적으로 실시되는 데 걸림돌이 되고 있다. 그들의 반대는 잘못된 정보나 막연히 '인위적으로 불소를 첨가하는 것은 나쁠 것이다'라는 생각에 근거한다. 그러나 수돗물불소농도조정 사업은 세계보건기구, 미국질병통제센터, 미국의학협회 등 전세계의 많은 보건의료 관련 기관과 단체가 그 안전성을 지지하고 있기에 실시되고 있는 사업이다. 허위와 오류의 늪으로부터 벗어나 맑고 밝은 눈으로 직시하면 이 사업이 충치의 고통을 크게 줄여주었음을, 단돈 몇백 원으로 충치를 절반 가까이 줄일 수 있는 놀라운 진보라는 사실이 눈에 보일 것이다.

우리나라는 충치가 없는 사람이 비정상이고 충치가 있는 사람이 정상일 정도로 충치가 만연해 있다. '충치 없는 사람'이 정상인 사회, 그것은 우리 모두의 바람일 것이다. 자연으로부터 얻은 발견이자 지혜를 활용하여 우리의 건강과 행복을 추구하는 것, 그것이야말로 자연이 우리에게 준 선물에 대한 보답일 것이다.

# 04

# 치과는 왜 의과에서
# 분리되었을까?

## 치과와 의과의 차이는
## 무엇일까?

일반인들은 물론 치과의사들도 잘 모르고 궁금해하는 치과의 수수께끼가 있다. 왜 치과는 다른 의과와 구분되는 것일까? 의과와 치과대학이 모두 6년제이고 2년의 예과과정을 따로 두고 있지만 본과 1~2학년까지 배우는 과목은 같거나 거의 비슷하다. 그렇다면 어째서 비싼 사회적 비용을 들여가며 각각의 대학을 따로 운영하는 것일까?

많은 치과의사들이 대학을 졸업하고 치과의사로 일하면서도 이 의문을 풀지 못한다. 치아와 구강이라는 조직도 엄연히 몸이라는 생물학적 실재의 일부인데 굳이 그 부분만 따로 다뤄야 할 합리적 이유를 찾지 못하는 것이다. 치아와 구강이 몸의 여타 부위와 다른 점이 있다면 의학 일반을 배운 다음 따로 전공을 하는 게 자연스럽지 않은가. 안과와 이비인후과도 분명 몸의 일부를 다루지만 안과대학이나 이비인후과대학은 따로 없지 않은가.

뿐만 아니라 그렇게 분리되어 있기 때문에 치과의사들은 의학 일반에 대한 지식과 경험이 부족할 수밖에 없다. 잇몸에 묻혀 있는 사랑니를 뽑거나 부러진 턱뼈를 고정하고 구강 주위 조직에 발생하는 낭종이나 종양을 수술할 때 그 충격을 감당해야 하는 것은 치아와 구강만이 아니다. 특히 고혈압이나 당뇨와 같은 전신질환을 가진 환자의 경우, 몸 전체의 생리와 병리현상을 이해하지 못한다면 심각한 실수를 저지를 수도 있다. 치과의사가 그런 치료를 하기 위해서는 따로 필요한 공부를 할 수밖에 없다.

## ✚ '의사'가 아닌 '치과 의사'

똑같이 사람 몸을 치료하는 일이지만 학문적으로 제도적으로 치과와 의과가 분리돼 있는 모순은 현실에서 충격적인 사건으로 나타나기도 한다. 어느 대학병원에서 턱뼈가 골절된 환자를 놓고 구강외과(치과)와 성형외과(의과) 전공의 사이에 마찰이 생겼다. 서로 자신들이 맡아야 할 환자라고 주장한 것이다. 마찰이 잦아지더니 어느 날 성형외과 전공의들이 구강외과 숙소에 쳐들어와 무차별 폭력을 휘두르는 사단이 일어났다. 여러 명이 중상을 입고 수술까지 받았다. 이것은 의술의 본질을 망각한 몰지각한 일부 의사들이 관련된 폭력 사건이지만, 그 속에는 의과와 치과의 제도적 분리라는 뿌리 깊은 현실이 자리

잡고 있다.

성형외과 의사들은 '치과의사'는 '의사'가 아니라는 논리를 내세웠다. 법률을 문자 그대로 해석하면 그들의 주장은 옳다. 우리나라 의료법에서는 의료인을 "보건복지부장관의 면허를 받은 의사·치과의사·한의사·조산사 및 간호사"로 규정하고 있다. 의료법은 이어서 "의료인이 아니면 누구든지 의료행위를 할 수 없으며 의료인도 면허된 것이외의 의료행위를 할 수 없다"고 규정함으로써 직종의 분리를 기정사실로 받아들인다. '치과의사'와 '한의사'는 모두 의사라고 불리지만 법률적으로는 '의사'가 아니다.

하지만 이와 같은 직종의 엄격한 분리는 논리적으로나 현실적으로나 심각한 문제를 안고 있다. 종별 의료인의 임무를 규정한 항목에서 의사는 의료와 보건지도를 임무로 한다고 되어 있는데, 치과의사와 한의사의 경우에는 여기에 치과와 구강 그리고 한방이란 말을 각각 덧붙이고 있을 뿐이다. 치과의사는 치과의료와 구강보건을, 한의사는 한방의료와 한방보건을 담당한다. 논리적으로 보면 의사의 임무는 치과의사와 한의사의 임무를 포함하는 보편적인 것이고, 치과의사와 한의사는 그중 일부를 담당하는 것이 된다. 따라서 이들 직종은 서로 분리되는 것이 아니라 전체와 부분의 관계다. 서로의 영역이 겹칠 수밖에 없는데도 법은 이들을 굳이 별개의 직종으로 분류하고 있는 것이다.

앞서 말한 의사들의 다툼은 환자의 복리를 최우선으로 하고 남에게 해를 끼치지 않겠다는 히포크라테스 선서의 정신을 처참히 무너뜨리는 부끄러운 사건이지만, 한편으로 어째서 의과와 치과가 분리되었는지에 대한 의문을 한층 더 깊게 한다. 그렇다면 치과가 의과에서 분리된 원인은 정말 무엇일까?

## ✚ 내과와 외과의 분리
## 그리고 떠돌이 발치사

의학사에서는 흔히 약 5000년 전 이집트에 살았던 헤시 레를 최초의 치과의사로 꼽는다. 그의 묘비에 수석 의사이며 치과의사로 기록되어 있기 때문이다. 하지만 그가 정말로 진료행위를 했는지 아니면 그들을 지휘하는 관리였는지는 분명치 않다. 그는 왕의 기록을 관리하는 직책도 함께 맡았다고 하고 치아뿐 아니라 당뇨와 같은 질병에 대해서도 기록을 남겼다. 다른 수석 치과의사인 쿠위는 내장기관의 비밀을 밝히는 일도 함께 했을 뿐 아니라 항문을 관리하는 역할도 맡은 것으로 나와 있다. 두 사람 모두 치과'만'을 전담한 의사는 아니라는 말이다. 당시에는 치아뿐 아니라 눈·발·배·머리 등 신체 각 부위를 다루는 전문가가 100여 종류나 있었다 하니, 지금처럼 의과와 분리된 치과의 관점에서 그를 최초의 치과의사라 칭하는 것은 아무래도 어색하다. 하지만 모래바람과 거친 음식 속에서 살아야 했고 백내장과 충치가 무척 흔했던 이집트인들에게 눈과 함께 치아는 손상되기 쉬운 귀중한 신체 자산이었고 치과의사의 지위도 상당히 높았던 것 같다.

　고대 그리스와 로마에 이르면 이론적 내과의술이 실행 위주의 외과
와 분리되는 현상이 나타난다. 히포크라테스 선서의 원문에 보면 결
석을 제거하는 수술은 그 일을 전문으로 하는 사람에게 의뢰하겠다
는 구절이 있다. 다시 말해 외과나 치과가 의술의 본령인 내과로부터
분리 독립한 게 아니라 몸의 현상을 이론으로 설명하는 내과가 그런
실천적 시술로부터 독립을 선언한 것이다. 그들은 오직 내과의사만이
신체의 모든 부위를 아우르는 진단과 치료를 할 수 있다고 믿었다.

　내과의사physician와 외과의사surgeon를 서로 다르게 이르는 서양의 언
어 속에 이런 역사가 고스란히 담겨 있다. 우리말로는 둘 다 '의사'지
만 어원상 둘은 전혀 다른 기원을 가진다. 그리스어로 내과의사는 몸
을 포함한 '자연physis'을 잘 아는 사람이고, 외과의사cheirourgos는 '손cheri'
을 잘 쓰는 사람이다. 치과의사는 이렇게 손을 쓰는 다양한 전문가들
중 하나였다. 고대 로마의 기록을 보면 이가 아픈 사람은 치아를 전
문으로 하는 내과의사의 조언을 구하거나 이를 뽑는 것을 전문으로
하는 사람tooth-drawer 또는 이발외과의barber-surgeon를 찾았다고 한다. 내
과의사는 진위가 불분명한 지식을 많이 가지고 있지만 할 수 있는 게
별로 없고, 외과의사는 다양한 도구와 기술을 지녔지만 신체 부위의
전문가일 뿐 몸 전체의 건강을 돌보는 데는 별 재주가 없었다.

　이후 중세의 암흑기를 거치면서 이론적 의학은 수도원에 은거하는
수도사들이 겨우 그 명맥을 유지할 뿐이었고, 민중의 몸은 어떤 교육

도 받지 못한 이발사나 가발업자 또는 대장장이들의 거친 도구와 손에 맡겨졌다. 르네상스 시대에 이르자 여러 곳에 의과대학이 생기고 해부학과 생리학 등 근대적 기초의학이 꽃을 피우기 시작했지만 바로 진료활동에 적용할 수 있는 지식은 많지 않았다. 그렇게 아는 건 많지만 할 수 있는 건 거의 없는 상황이 계속되었다.

그런 와중에 무식하고 용감한 이발사와 이발외과의가 자신들의 영역을 확대해갔다. 질병의 원인에 대해 아는 것이 별로 없고 몸속을 들여다볼 수도 없던 당시에는 눈에 보이는 아픈 이를 뽑는 것이 가장 흔한 수술 중 하나였다. 하지만 그때나 지금이나 턱뼈 깊이 박힌 이를 뽑는 일은 결코 쉬운 일이 아니다. 더구나 아무런 마취법도 없던 당시에는 엄청난 고통이 동반되는 아주 어렵고 위험한 수술이었을 것이다.

그럴 때면 언제나 동료 인간들의 고통을 담보로 돈을 벌려는 사기꾼이 등장하기 마련이다. 이들은 요란한 복장과 소리로 장바닥의 구경꾼을 끌어 모은 뒤 사전에 모의한 가짜 환자를 등장시켜 순식간에 이를 뽑는 장면을 연출해 보인다. 그런 다음 정체불명의 만병통치약을 팔거나 진짜 환자의 이를 뽑는다. 이때 환자는 분위기에 취해 정말로 통증을 느끼지 못할 수도 있고 시끄러운 음악에 그 비명소리가 묻혀버리기도 한다. 어쨌든 이들은 대부분의 경우 환자의 고통을 덜어주기보다는 오히려 크게 키웠을 가능성이 크다.

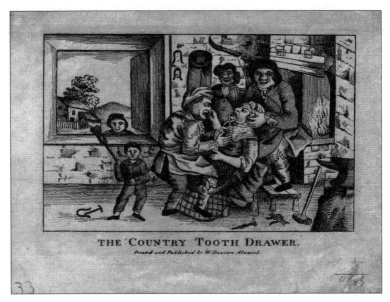

THE COUNTRY TOOTH DRAWER.
Printed and Published by W. Davison Alnwick

치과가 독립적인 영역으로 정립되기 전 이를 뽑는 일은 마을의 대장장이나 이발사에게 맡겨져 있었다. 마취도 없이 거친 기구로 이를 뽑았기에 환자의 고통이 상당했을 것이다.

## ✚ 치의학, 귀족과 과학의 곁에 서다

신분 높은 왕이나 귀족이라고 사정이 그다지 좋았던 것도 아니다. 오히려 다양한 음식을 즐기던 이들에게 충치를 비롯한 구강질환이 훨씬 더 많았을 것으로 추정된다. 절대권력을 휘둘렀던 프랑스의 태양왕 루이 14세도 예외는 아니었다. 그는 40세에 이미 모든 치아를 잃었다고 하는데, 왕의 외과주치의는 이를 뽑는 것은 자신의 일이 아니라며 피했고 결국 떠돌이 발치사arracheurs de dent, itinerant tooth puller를 불러들여 그 일을 맡겼다고 한다. 그러다 한번은 이를 뽑으면서 그 이를 받쳐주고 있던 턱뼈의 상당 부분이 함께 떨어져 나왔고, 이후 왕은 음식을 먹을 때마다 음식이 다시 콧구멍으로 흘러나오는 고통을 겪어야 했다고 한다. 이런 일을 겪고 난 다음 왕은 치과만을 전담하는 외과 주치의dental surgeon을 지명했고, 그의 아들인 루이 15세는 자신의 전담 치과 주치의에게 귀족 작위를 주어 치과의술의 중요성을 강조했다고 한다.

치과를 전공으로 선택한 외과의사들이 순전히 경험에 의존했던 과거의 시술에서 벗어나 조금씩 그 경험을 체계화해 객관적 지식으로 정리한 것도 그 즈음부터다. 그리고 1728년에는 드디어 근대 치의학의 고전인 피에르 포샤르Pierre Fouchard의 『치아외과의Le Chiergien Dentiste』가 발간된다. 이 단어(Le Chiergien Dentiste)는 치아를 다루는 외과의(영어로는 Dental Surgeon)라는 뜻으로 유럽에서는 아직도 치과의사dentist라는 말과 함께 흔히 쓰인다. 치과는 독립된 의술의 영역이기는 하지만 그 기원이 외과에 있다는 점을 분명히 하고 있는 것이다.

치의학을 과학의 영역에 들여놓은 것은 유럽인들이었지만 그것을 독립된 제도로 정착시킨 것은 미국인들이었다. 미국에서는 1840년 세계 최초의 치과대학Baltimore College of Dental Surgery이 세워졌고 치과의사를 길러내기 시작했다. 그로써 미국에서 치과는 확실히 독자적인 분야가 된다.

## + 돈벌이
## 수단이 된 치과

대학이라는 기관을 통해 교육함으로써 그 권위를 높이긴 했지만 미국의 치의학은 처음부터 상업적 속성이 무척 강했다. 치과가 분리되는 데도 상업적인 동기가 영향을 주었다. 상업적 의료는 신기술의 개발을 촉진해 미국을 치의학 선진국으로 끌어올리는 역할을 톡톡히 해냈지만, 다른 한편으로 환자의 권익을 최우선으로 해야 할 의술의 본질을 크게 훼손하기도 했다.

미국의 치과의사 호러스 웰즈와 윌리엄 모턴은 전신마취를 성공시켜 인류를 수술의 고통으로부터 해방시키는 데 크게 기여한 의학사의 영웅이다. 하지만 세계 최초의 전신마취라는 타이틀을 얻기 위해, 그리고 그것을 특허와 연결시켜 돈을 벌려는 욕망으로 인해 그들의 인생은 처참히 망가졌다. 웰즈는 마취제를 다량 투여한 뒤에 스스로 혈관을 끊어 자살했고 모턴은 정신병 발작을 일으켜 사망했다.

자동차 타이어를 만드는 회사 굿이어Goodyear는 경질硬質 고무(vulcanite)를 개발해 틀니의 새로운 시대를 열었지만, 특허권료를 지불하지 않고 그것을 사용하는 치과의사들을 치밀하고 악랄하게 추적하고 고발해서 치과의사들의 공분을 초래했다. 이 사태는 결국 굿이어의 대리인이 소송에 시달리던 치과의사에게 살해되는 것으로 끝이 난다.

상업적 치과의료의 속성을 가장 적나라하게 보여주는 사례는 에드

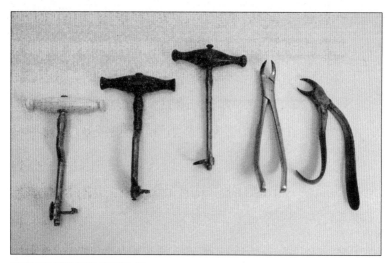
20세기 초에 사용하던 각종 치과치료 기구.

거 '아프지 않은' 파커Edgar R.P. "Painless" Parker, 1871~1951라는 이상한 이름의 치과의사 이야기다. 그는 뉴욕 치과대학에 다닐 때부터 기구를 싸들고 집집마다 돌아다니며 현란한 말솜씨로 환자들을 현혹해 돈을 벌었고 그 때문에 대학에서 쫓겨난다. 고향(캐나다 뉴브런스윅)으로 돌아와서도 똑같은 방법으로 학비를 마련한 그는 다시 필라델피아 치과대학(지금의 템플대학교 치의학대학원)에 입학해 학위를 받는 데 성공한다. 다시 고향으로 돌아가 제대로 된 치과를 열었지만 찾아오는 환자가 없자(3개월 동안 75센트를 벌었다고 한다) 거리로 나서기로 작정한다.

요란한 악단과 선동꾼들이 동원되고 구강위생을 강조하는 대중 연설로 사람들의 관심을 끌어 모은 다음 치통을 호소하는 사람들을 무대로 불러올려 하이드로카인이라는 마취제를 투여하고서 이를 뽑는다. 치료비는 치아 한 개당 50센트이고 만약 통증을 호소하면 5달러를 지급하겠다고 약속한다. 그는 하루에 357개의 이를 뽑은 적도 있었는데 그것들로 목걸이를 만들어 걸고 다녔다고 한다. 중세시대 장터에 자리를 잡았던 떠돌이 발치사와 똑같은 행태였다.

그는 미국과 캐나다 전지역을 돌아다니며 발치 쇼를 벌여 돈을 벌었고 뉴욕에 큰 건물을 사들여 '안 아픈 파커Painless Parker'라는 간판을 달고 영업을 하기도 했다. 갑부가 된 그는 34살의 나이에 캘리포니아에 정착했고 수없는 소송에 시달렸지만 떠돌이 치과행상을 그만두지 않았다. 오히려 비행기를 동원하고 서커스단을 통째로 사서 공연을 벌이는 등 기상천외한 광고로 환자들을 끌어 모으며 동료 치과의사들의 미움을 샀다. 치과의사들이 법을 개정해 진짜 이름만으로 개업을 하도록 강제하자 아예 법원에 개명을 신청해 자기 이름을 정말로 '안 아픈Painless'으로 바꾼다. 그는 30개의 치과를 열어 70명의 치과의사를 고용했으며 연간 300만 달러의 매출을 올리는 기업의 사주가 되었다고 한다.

## ✚ 상업주의와 프로페셔널리즘의 갈림길

이쯤에서 중간 결론을 말해보자. 치과가 의과에서—더 정확하게는 외과에서—분리 발전된 주요 요인은 두 가지다. 하나는 왕의 권위에 의탁한 과학적 지식이고, 다른 하나는 미국을 중심으로 크게 일어난 상업주의 의료다. 전자의 주요 가치는 전통적 아카데미즘이고 후자의 가치는 자본주의다. 치과는 이 둘이 상호작용한 결과 외과로부터 분리 독립했다. 유럽에서는 전통의 힘이, 미국에서는 상업주의의 힘이 더 강했다. 영국의 치과는 1950년대가 되어서야 명실상부한 분리 독립이 이루어졌고, 이탈리아에서 1980년대까지도 치과대학이 아예 없었던 것도 의학을 중심으로 형성되어온 전통의 힘이 그만큼 강했기 때문이다. 지금은 무너져버린 소련을 중심으로 한 구舊공산권에서는 오랫동안 치과가 의과의 한 부분으로 남아 있었다. 상업주의의 힘이 작용할 여지가 없었기 때문일 것이다.

이제 상업주의의 거대한 물결은 거스를 수 없는 시대의 대세가 되어 가고 있다. 이에 따라 여기저기서 환자의 고통을 덜어주며 공공의 이익에 봉사한다는, 의료의 본질적 가치가 퇴색되고 있다는 한탄이 터져 나오고 있다. 역설적이게도 이런 반성의 기류는 상업주의 의료의 본고장인 미국에서 가장 강하게 감지된다. 산이 높으면 골도 깊게 마련이다. 이 운동에서 중심적인 역할을 하는 조직이 치의학의 인문적 가치를 추구하는 미국치과의사칼리지American College of Dentists, ACD다. 이 단체는 치과의학의 역사와 치과의료윤리에 관한 자료를 집대성한 웹사이트를 운영하고, 치의학 실력과 인문적 소양을 겸비한 치과의사를 양성하여 상업주의에 잠식당한 인간성과 인문적 가치를 되찾고자 노력한다.

치과의 분리 독립은 첫째 구강조직의 해부생리와 치료법에 관한 과학적 지식이 축적되고, 둘째 면허 제도와 대학 등 그것을 교육하고 관리할 수 있는 제도적 장치가 마련되며, 셋째 그 지식과 기술을 통해 이윤을 창출할 수 있는 사회적 구조가 완성됨으로써 가능했다. 그리고 지금은 과도한 상업화로 인해 의료의 본질과 전문직으로서의 윤리적 가치가 무너지고 있다는 위기감이 팽배해 있는 실정이다. 그래서 치의학의 미래를 걱정하는 사람들은 지금 치의학이 외과에서 분리 독립했던 것과 맞먹을 만큼 중대한 기로에 처해 있다고 진단한다. 바로 상업주의와 프로페셔널리즘의 갈림길이다.

## 치과, 치과의사의 이중적 정체성

치과의 분리 독립은 이처럼 복잡하고 다양한 사회·문화·경제적 역학관계의 소산이다. 하지만 우리나라의 경우는 이런 역사적 경험 없이 일제시기에 일방적으로 이식된 제도에 따라 처음부터 분리된 치과가 들어와 오늘에 이르고 있다. 일제는 1913년 의사醫師규칙, 치과의사齒科醫師규칙, 의생醫生(전통 한의학을 시술하는 사람들을 일컫는 말)규칙을 제정해 처음부터 의과와 치과를 분리하는 한편, 전통의학을 서양의학에 종속시켰다. 서양의학을 공부한 사람에게는 스승 사師를 붙여 의사 '선생님'이 되었지만, 전통의술을 행하는 사람에게는 배우는 자의 지위[生]를 부여해 신분을 낮춘 것이 그 단적인 예다. 서양의학을 공부

1920년대 우리나라에 근대식 치과 기술이 들어오던 시기, 치과 교육기관인 세브란스연합의학교 치과학 교실에서 학생들을 가르치던 광경.

한 '의사'도 그렇지만 거의 존재감이 없던 '치과의사'도 이때 의사 선생님[師]의 지위를 부여받았다. 서양에서처럼 스스로 높아지려는 노력과 그것을 통한 역사적 경험도 없는 상태에서 뜬금없이 주어진 신분과 권리였다.

지금까지도 치과가 의과로부터 분리된 이유를 제대로 설명할 수 있는 사람이 많지 않은 것도 그것을 따져보아야 할 절박한 필요성이나 역사의식이 없었기 때문이다. 치과의학과 의술은 최소한 300여 년의 역사를 거쳐 외과로부터 분리 독립한, 그러면서도 어쩔 수 없이 의학의 한 분야일 수밖에 없는 이중적 성격을 가진 분야로 진화해왔다. 우리는 그렇게 형성된 역사적 산물을 우리 문화에 이식해 100년 정도 운영한 경험을 가지고 있을 뿐이다. 부족한 역사적 경험으로 수백 년의 역사를 압축해서 살다보니 치과 역시 정체성의 혼란이 있을 수밖에 없었던 것이다.

300여 년에 걸친 서양 치과의학의 진화 과정과 주체적 역사 경험도 없이 서양의 경험을 우리 것으로 할 수밖에 없었던 우리나라의 치과, 그 한가운데 우리나라의 치과의사들이 있다. 그들은 이중적인 정체성을 지닌 채 인체의 한 부분을 치료하고 있다.

CHAPTER

# 05

# 잇솔질 3분의 함정

# 하루 동안 잇솔질을
# 하지 않는다면

　일상사가 권태롭고 이 닦는 것조차 귀찮아질 때, 치과의사로부터 이런 이야기를 듣는다면 조금 마음이 편해질지 모르겠다. 하루 정도 잇솔질을 하지 않는다고 충치가 생기거나 잇몸이 나빠지지 않다고 말이다. 관련 연구들을 보면, 건강한 잇몸을 가진 사람이 잇솔질을 전혀 하지 않을 경우, 며칠이 지나서야 독성이 강한 세균들이 나타나기 시작하고 잇몸에 가벼운 염증이 생긴다. 그러나 그것도 다시 철저하게 관리를 하기 시작하면 빠르게 건강한 상태로 회복된다.

　충치는 특정 세균들이 음식물을 분해하며 나오는 산$_{acid}$에 의해 치아가 탈석회화(부식)된 결과다. 그러나 우리 입안에는 침이라는 든든한 수호자가 있다. 침에 의해 설탕도 산도 씻겨나가고 묽어지면, 치아가 다시 단단해지는 재석회화가 일어나면서 탈석회화에 맞서 균형을 잡아준다. 탈석회화와 재석회화가 시소처럼 왔다 갔다 하는 것이다. 따라서 하루 동안에 돌이킬 수 없는 수준의 치아 손상은 일어나지 않는다.

그런데 다음날 당신이 새로운 기분으로 칫솔을 들고 거울 앞에 서서 한 잇솔질이 제대로 된 것이 아니라면 상황은 달라진다. 잇솔질을 제대로 하지 않아 치아 주위에 형성되는 세균덩어리인 치태가 두꺼우면 두꺼울수록, 오래되면 오래될수록 침이 산을 씻어내지 못하고 농축되면서 치아를 급속하게 부식시킨다. 세균의 독성물질은 잇몸의 염증을 악화시킬 것이고, 결국 치아를 잃는 우울한 상황으로 이어지게 된다.

결국 잇솔질 횟수보다는 방법이 중요하다는 이야기다. 하루 정도 잇솔질을 하지 않는 것은 문제가 되지 않지만, 오히려 꼬박꼬박 잇솔질을 한다고 해도 그것이 제대로 된 잇솔질이 아니라면 충치나 잇몸질환을 피해가기는 어렵다. 문제는 실제로 많은 사람이 이를 제대로 닦지 않는다는 것이다. 모든 건강관리가 그렇듯이 잇솔질도 습관이다. 식사 후 규칙적으로 잇솔질하는 것은 좋은 습관이지만, 하루 한 번이라도 정확하게 이를 닦는 것이 더 중요한 이유다.

## ✚ 식전 잇솔질 VS 식후 잇솔질

치과대학 본과 학부과정에서 구강생화학이라는 과목을 배운다. 입안이 어떤 생화학적 환경인지, 그 안에서 충치는 어떻게 형성되는지 배우는데 그중 이런 질문을 학생들에게 던지곤 한다. 흔히 알고 있는 것처럼 식사한 다음에 잇솔질을 하는 것과 식사 전에 잇솔질 하는 것을 비교할 때 어느 쪽이 더 좋은 방법일까?

결론은 크게 차이 나지 않으리라는 것이다. 식전에 잇솔질을 하여 입안과 치아 표면에 존재하는 세균의 수를 줄이는 것이 식사한 다음 입안에 남아 있는 음식물 찌꺼기들, 즉 세균들의 먹이를 제거하는 식후 잇솔질만큼이나 효과가 있다는 것이다. 요컨대 과학적인 측면에서 잇솔질은 결국 세균의 수를 조절하고 대사과정을 차단하는 일이라는 개념을 갖게 해주는 질문이다.

잇솔질은 치태를 제거하는 과정이고 치태는 결국 세균덩어리이므로 결과적으로 세균 수를 조절하는 것이 목표인 것이다. 그런데 대부분 사람들은 그렇게 생각하지 않는다. 잇솔질은 그냥 음식물 찌꺼기를 제거하는 방법이라고 생각한다. 반은 맞고 반은 부족한 답인데, 잇솔질로 우리가 제거하고자 하는 것이 무엇인지를 명확하게 하는 것이 정확한 잇솔질의 출발점이다.

## ✛ 잇솔질 3분의 함정

우리 모두가 잘 알고 있는 잇솔질의 3·3·3 원칙이 있다. 하루 3회 식후 3분 안에 3분 동안 잇솔질을 하도록 권장하고 있는 방법으로,

잇솔질의 기본 원칙으로 교육되고 있다. 말은 쉬운데 현실적으로는 도움이 안 되는 법칙이다. 오히려 잇솔질을 대충하게 만드는 주범이 아닐까 싶은 생각이 간혹 들기까지 한다.

먼저 3분에 대한 이야기부터 짚어보자. 3분이 어떻게 나온 시간인지 아는 사람은 별로 없을 것이다. 잇솔질은 제대로 잘 하려면 치아들을 작은 구획(구간)으로 나누어서 닦아야 하는데, 한 구간 단위로 칫솔을 움직이면서 잇솔질하면 빠짐없이 닦을 수 있다. 잇솔질 구획 개념 모식도를 보자. 윗니부터 닦는다고 할 때 바깥쪽은 큰어금니가 한 구획, 작은어금니와 송곳니 절반이 한 구획, 송곳니의 남은 절반과 앞니 두 개 한 구획, 이렇게 3개의 구간이 된다. 안쪽은 큰어금니와 작은어금니의 경우는 바깥쪽과 같이 하나의 구간으로 되지만, 송곳니와 앞니는 칫솔을 세워서 닦아야 하므로 치아 하나마다 별개의 구간으로 잡아야 한다. 그러면 결국 총 16개의 구획으로 나눌 수 있다. 여기에 아랫니까지 닦아야 하므로 모두 32개의 구획이 만들어진다.

제대로 잇솔질을 하려면 한 구획당 10회씩 왕복해야 하는데(윗니는 위에서 아래로 회전하고, 아랫니는 아래에서 위로 회전하며), 1초에 2회 움직인다고 하면 아래와 같이 소요시간을 계산할 수 있다.

32구획×10회/2(초당 횟수) = 160초 = 2분 40초

치아의 바깥쪽과 안쪽 면을 닦는 데 2분 40초가 소요된다. 여기에다 치아의 씹는 면을 윗니 아랫니 각각 10초씩 닦으면 3분 안에 잇솔질을 마무리하게 된다.

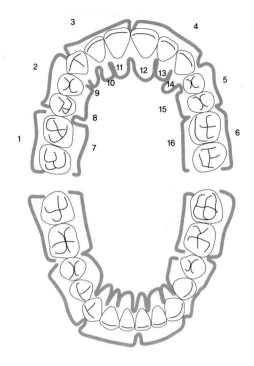

**잇솔질 구획 개념 모식도**

　그런데 이 글을 읽고 바로 세면대로 가서 그렇게 한번 닦아보시기 바란다. 쉬지 않고 1초에 2회씩 모든 구간을 빠짐없이 움직이면서 닦다보면, 아마도 손목이 아파서 그렇게 닦는 게 불가능하다는 것을 알게 될 것이다. 특히 처음에는.

　그런데 여기가 끝이 아니다. 치아 사이에 끼는 치태는 일반적인 잇솔질로는 잘 제거되지 않기 때문에 치실이나 치간칫솔을 사용하도록 하고 있다. 전문가인 치과의사가 치간칫솔을 사용하면서 치간(치아 사이의 잇몸 부위)의 치태를 닦는 데 걸리는 시간도 1분 30초 정도다. 익숙하지 않거나 눈이 침침하거나 치아 사이 공간이 넓어 앞뒤 치아를 따로 닦아야 한다면 훨씬 더 많은 시간이 필요할 것이다. 그리고 마지막으로 입냄새의 주된 원인인 혀의 백태(설태라고 하며, 혀에 생기는 플라그)를 혀닦기tongue scraper로 5회 정도 쓸어내야 한다.

3분 안에 이를 닦는 것은 상당히 능숙하게 움직일 때에나 가능한 일이고 치간을 관리하고 혀까지 닦으려고 하면 3분은 턱없이 부족한 시간이다. 그런데다 잇몸이 안 좋아질수록 잇솔질을 더 세심히 공들여 해야 하는데, 잇몸이 안 좋아지는 것과 함께 손놀림이나 시력이 갈수록 떨어지는 노인들에게 3분이라는 시간은 이 사이에 껴 있는 음식물을 제거하는 시간밖에는 안 되는 것이다. 그런데도 나이가 많건 적건 대부분의 사람들이 잇솔질은 3분 정도면 충분하다는 생각을 가지고 있다.

'식후 3분 안'이라는 권장사항이야 산성 음료를 마시고 난 후 바로 잇솔질하는 게 치아의 손상을 가중시킨다는 점을 제외하면 크게 무리가 될 것은 없다. 하지만 식사 후에 바로 칫솔 들고 세면대로 향하는 사람들이, 그런 식사 문화를 가진 민족이 과연 얼마나 될까 싶은 의문은 늘 있다.

마지막으로 하루 3회의 원칙이다. 우리가 세 끼의 식사를 하면 결국 매 식사 후 세 번의 잇솔질을 하게 되니 자연스럽게 자기 전 잇솔질의 중요성을 놓치는 문제가 있다. 앞에서 우리 입안의 침이 충치를 막아 주는 데 중요한 역할을 한다고 언급했다. 그런데 침의 분비는 음식물이나 움직임 같은 기계적 자극이 있을 때 늘어나는 것이기에, 수면중에는 침 분비가 낮으며 충치가 생길 수 있는 가능성이 높아진다. 때문에 잠자기 전의 잇솔질이야말로 하루 잇솔질 중에서 가장 중요할 수도 있다.

결국 잇솔질을 권장하기 위해 지나치게 단순화시킨 3·3·3 원칙이 오히려 사람들에게 잘못된 인식을 심어주고 있지 않은가 싶다.

## ✚ 많은 사람들의 잇솔질 점수는 낙제점

최근 예방이 강조되면서 잇솔질 교육을 별도의 프로그램으로 진행하는 치과가 늘고 있다. 이런 프로그램에는 병원에 올 때마다 잇솔질 상태를 점수로 평가하는 부분이 있는데, 대부분 처음에는 고작 20~30점을 받는다. 평가 방법은 간단하다. 치아에 착색을 해서 치태가 남아 있는 면수와 깨끗이 닦인 면수를 세는 방식이다. 30점을 받았다면 치아의 모든 면을 따졌을 때 30%만 깨끗이 닦였고 나머지에서는 치태가 여전히 남아 있다는 말이다. 그 부분은 잇솔질을 한다고 해도 늘하지 않는 것과 같은 상태인 셈이다. 그러니 하루 안 닦는 걸 걱정할 일이 아닌 것이다.

잇솔질이 그렇게 어렵냐고 반문할 수 있다. 어렵다. 평생 습관이 되어 있기에 더욱 어렵다. 꾸준히 노력해야 하고 적절하게 잘하고 있는지 아닌지 평가받을 수 있다면 도움이 될 것이다. 다만 여기서는 잇솔질을 제대로 하기 위해 이렇게 생각을 좀 바꿔보는 게 어떨지 이야기하고 싶다.

우선 잇솔질할 때 시간을 가지고 충분히 꼼꼼하게 닦는 습관을 들이자. 하루에 한 번이라도 반드시. 어느 치과의사는 환자들에게 10분씩 이를 닦도록 권한다고 한다. 그 정도 시간과 정성을 들이면 아무리 제멋대로 닦는다고 해도 웬만큼은 다 닦인다는 지론이다. 이 말에 공감한다. 너무 지나치게 공을 들여 누가 보면 강박증 환자로 오해받는 것을 겁낼 필요는 없겠지만, 몇 번 하다가 지칠까 걱정이 되기는 한다. 올바른 잇솔질 교육에서 적절한 잇솔질 시간을 권장하는 이유 중에는 그런 이유도 포함되어 있다. 하지만 정해진 시간보다 중요한 것은 꼼꼼하게 닦는 것이라는 점을 다시 한 번 강조하고 싶다.

다음으로는 이를 나누어서 구간별로 닦는 것이다. 앞에서 잇솔질 시간을 따지면서 구획을 나누고 각 구획별로 이동하며 닦을 때 소요되는 전체 시간을 구구절절이 따져보았는데, 실은 제대로 된 잇솔질을 하기 위해서는 그런 방식으로 나누어 빠짐없이 닦아야 한다는 것을 알려주고 싶은 의도도 있었다. 처음에는 좀 손목이 혹사당한다 싶더라도 구간별로 10회씩 닦으면서 옆으로 이동하자. 훨씬 꼼꼼하게 닦을 수 있을 것이다.

마지막으로 잇솔질에서 가장 강조하고 싶은 것이 치실이나 치간칫솔의 사용이다. 앞서 말한 것처럼 치아 사이의 치태는 잇솔질만으로는 제거되지 않는다. 나이가 들어가면 더욱 그렇다. 이것이 나이를 먹을수록 치아 뿌리에 충치가 잘 생기는 이유이자 잇몸병의 직접적인 원인이다. 특히 잇몸치료를 받을 필요가 있거나 잇몸치료 이후 정기적으로 관리를 받고 있는 경우, 치간치솔을 사용하지 않는다면 구태여 힘들게 잇몸치료 받는 게 별 의미가 없다. 잇솔질이든 스케일링이든, 혹은 잇몸치료나 잇몸 수술까지도 목적은 똑같다. 치태를 제거하고 치태가 잘 관리될 수 있도록 하는 것이다. 그 방법과 도구만 다를 뿐이다. 그리고 잇솔질은 다른 치료들의 일차적 관문이다. 잇솔질을 제대로 하지 않고 잇몸치료를 받는 사람과 잇몸치료를 어떤 이유에서든 받지 않고 잇솔질 습관을 바꿔 제대로 꾸준히 하는 사람을 비교한다면 누가 더 나을까? 윤리적인 이유로 장기간 이런 실험을 한 논문은 없겠지만 치과에서 전문적인 치태관리를 받는 것이 적극적인 외과적 처치보다 중요하다는 임상 결과는 많이 볼 수 있다. 그만큼 잇솔질이 중요하고 잇솔질은 치아 사이 치태의 관리로 마무리된다는 점을 새겨두어야 한다.

이제 치과에서 스케일링을 받고 나서 치과위생사들이 잇솔질을 알려줄 때 너무 가벼운 맘으로 듣지 마시기 바란다. 여기서 아무리 길게 늘어놓아도 독자의 입안을 보고 스케일링을 하면서 알려주는 조언이 훨씬 더 도움이 될 것이다. 사람마다, 구강 상태에 따라 유난히 잘 안 닦이는 부분이 있고 닦기 어려운 부분도 있다. 어떻게 하면 효율적으

로 닦을 수 있는지 배울 수 있기를 바란다. 그리고 꾸준히 다니면서,
여건이 허락되지 않는다면 다음에 내원하여 스케일링할 때라도 이전
에 비해 잘 닦고 있는지 아닌지 평가받아볼 수 있기를 바란다. 습관은
쉬 바뀌지 않는 법이기 때문이다. 제대로 된 잇솔질 교육을 받는 데
시간을 투자하면 치과치료를 받기 위해 투자하는 시간과 비용을 크
게 줄일 수 있다.